レディー＆ジェントルマン中高一貫エリート教育

西武学園文理中学・高等学校

SEIBU GAKUEN BUNRI JUNIOR & SENIOR HIGH SCHOOL

Reveal ... ation to the heavens.

一人ひとりの力を大きく伸ばす
きめ細やかな**学習指導**

東大合格発表の日 祝福を受ける文理生　　大学見学会 東京大学 安田記念講堂前

中学3年イタリア海外研修　ローマ教皇と文理生一人ひとりが握手

次代を担う世界にはばたくリーダーを
文理の**中高一貫エリート教育**で育てます

世界史原点の旅を通して
国際感覚を身に付ける

BUNRI'S

文理祭（文化祭）　受験相談コーナーあります（予約不要）
9/12（土）10:00〜15:00・9/13（日）10:00〜14:15

中学説明会（ネット予約）
9/29（火）・10/24（土）・11/25（水）いずれも10:30〜

入試対策講座（ネット予約）
10/10（土）・11/7（土）※学校概要・入試説明も行います

CAMPUS ACCESS

■**スクールバス「西武文理行き」終点下車**
　西武新宿線「新狭山駅」北口（約8分）
　JR埼京線・東武東上線「川越駅」西口（約20分）
　東武東上線「鶴ヶ島駅」西口（約20分）
　西武池袋線「稲荷山公園駅」（約20分）
　JR八高線・西武池袋線「東飯能駅」東口（約25分）

■**西武バス「西武柏原ニュータウン」下車**
　西武新宿線「狭山市駅」西口下車
　　「西武柏原ニュータウン」行き（約20分）
　西武新宿線「新狭山駅」北口下車
　　「かすみ野」行き（約10分）

埼玉県内から							西武学園文理中学・高等学校
朝霞台から	34分	東武東上線	約14分	→ 川 越から	スクールバス約20分	→	
大 宮から	45分	JR埼京線	約25分	→ 川 越から	スクールバス約20分	→	
東松山から	35分	東武東上線	約15分	→ 鶴ヶ島から	スクールバス約20分	→	
高麗川から	31分	JR八高線	約6分	→ 東飯能から	スクールバス約25分	→	
西武秩父から	69分	西武秩父線	約44分	→ 東飯能から	スクールバス約25分	→	
所 沢から	22分	西武新宿線	約14分	→ 新狭山から	スクールバス約8分	→	
東京都内から							
池 袋から	51分	西武池袋線	約31分	→ 稲荷山公園から	スクールバス約20分	→	
上石神井から	45分	西武新宿線	約37分	→ 新狭山から	スクールバス約8分	→	
小 平から	29分	西武新宿線	約21分	→ 新狭山から	スクールバス約8分	→	
拝 島から	50分	JR八高線	約25分	→ 東飯能から	スクールバス約25分	→	
八王子から	60分	JR八高線	約35分	→ 東飯能から	スクールバス約25分	→	
八王子から	56分	中央線特快	約16分 →国分寺 西武国分寺線約14分→東村山 西武新宿線約18分→**新狭山**からスクールバス約8分			→	
立 川から	50分	中央線特快	約10分 →国分寺 西武国分寺線約14分→東村山 西武新宿線約18分→**新狭山**からスクールバス約8分			→	

※各駅からの所要時間にはスクールバスの時間が含まれています。

〒350-1336　埼玉県狭山市柏原新田311-1　TEL 04-2954-4080（代）　http://www.bunri-s.ed.jp/

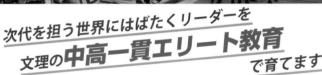

KOKUSAI GAKUIN JUNIOR HIGH SCHOOL

平成28年新校舎完成

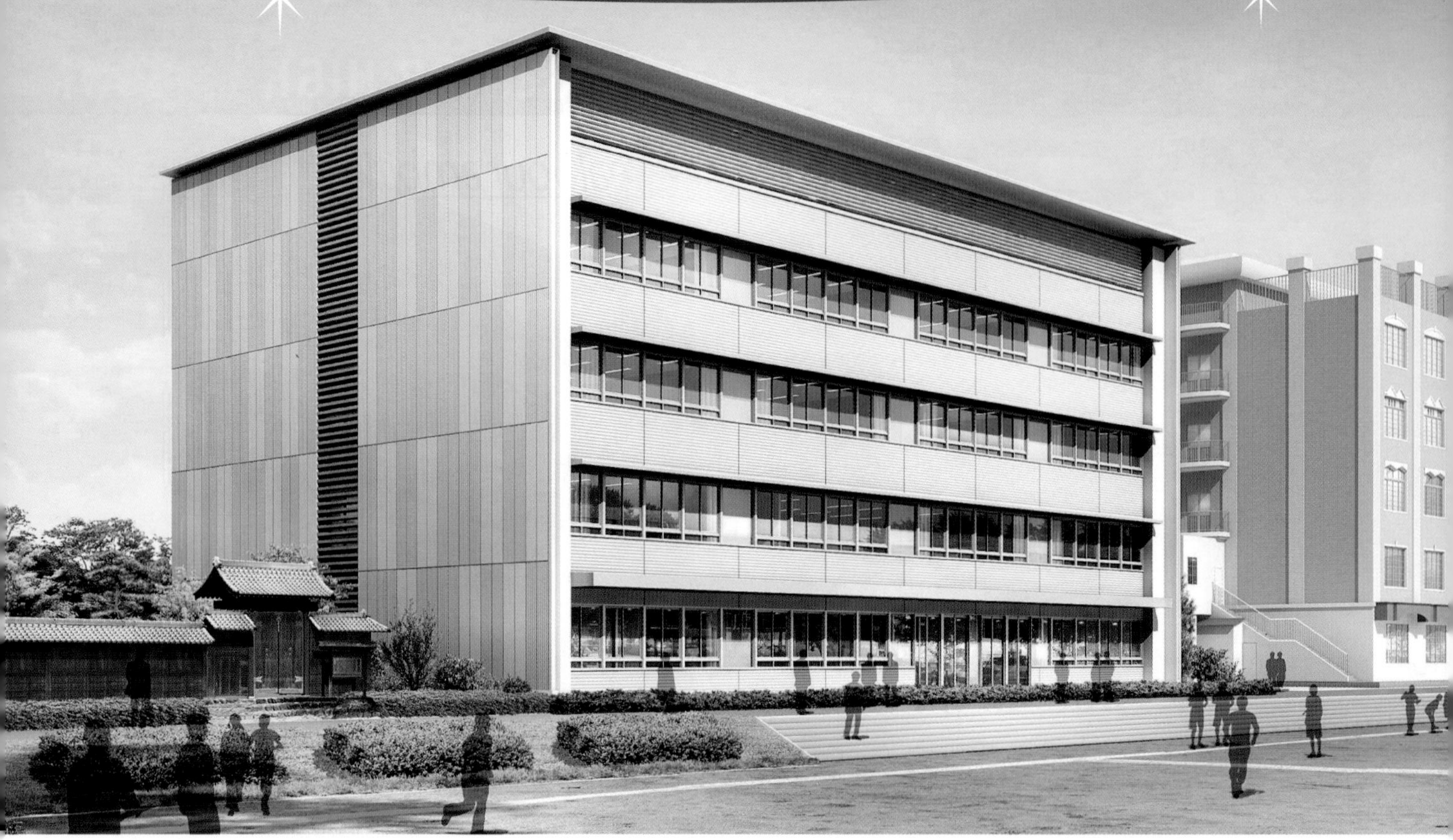

オープンスクール（要予約：インターネット予約可）

9月19日（土）11:00〜12:45 【体験授業】算数

※学食で在校生と同じ食事を用意しています。
※体験授業の内容についてはホームページにてご確認下さい。

学校説明会 in 五峯祭（文化祭）

9月13日（日）11:00〜11:30

入試対策学習会（要予約：インターネット予約可）

10月24日（土）14:00〜16:30　2科（算国）模擬試験と解説
* **11月14日**（土）10:00〜12:30　4科（算国理社）模擬試験と解説
12月　5日（土）14:00〜16:30　過去問題解説・傾向と対策

＊11/14は、学食で在校生と同じ食事を用意しています。

イブニング学校説明会（要予約：インターネット予約可）

会場：国際学院埼玉短期大学

11月25日（水）18:30〜19:00 【個別相談】19:00〜20:00

学校説明会（要予約：インターネット予約可）

12月19日（土）10:00〜11:00 【個別相談】11:00〜12:00

◉予約が必要なイベントはインターネットからもお申し込みができます。

◉オープンスクールと、入試対策学習会の11/14は学食にて実際に本校の生徒に提供している食事が食べられます。御予約の際、学食での食事希望の有無と、希望される方は参加人数をお知らせ下さい。

UNESCO United Nations Educational, Scientific and Cultural Organization | UNESCO Associated Schools
ユネスコスクール加盟校

中高一貫部
国際学院中学校

QR コードで簡単アクセス

〒362-0806 埼玉県北足立郡伊奈町小室10474 TEL：048-721-5931（代）FAX：048-721-5903 http://jsh.kgef.ac.jp js@kgef.ac.jp

順天高等学校は将来国際的に活躍できるグローバル・リーダーを育成するための
スーパーグローバルハイスクール（SGH）指定校です。

学校説明会　王子キャンパス本館

10月24日（土）13：00～　11月14日（土）13：00～
12月12日（土）13：00～

文化祭【北斗祭】王子キャンパス本館

9月26日（土）12：00～15：00
9月27日（日）　9：00～15：00

オープンスクール【要予約】王子キャンパス本館

【学習成果発表会】	9月29日（火）
【授業見学会】	10月　7日（水）
【おもしろ実験体験会】	10月24日（土）
【弁論大会・読書感想発表会】	11月19日（木）
【英語レシテーション大会】	2月17日（水）

＊詳細は随時ホームページに掲載します。

順天中学校

〒114-0022　東京都北区王子本町1-17-13　TEL.03-3908-2966
王子キャンパス（JR京浜東北線・東京メトロ南北線 王子駅・徒歩3分）
新田キャンパス（体育館・武道館・研修館・メモリアルホール・グラウンド）
http://www.junten.ed.jp/

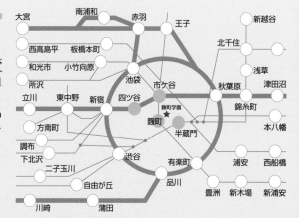

今を生きる。
It's now or never.
It's my time!
グローバル入試
英語でも受験できる
Global entrance exam
詳細は、学校説明会にて
2月1日 午後入試
2教科・4教科選択

学校説明会＆帰国生説明会

9月13日(日) 10:00～12:30

帰国生＆グローバル入試説明会

11月28日(土) 10:00～11:30

土曜ミニ説明会＆帰国生説明会

9月26日　10月31日　11月14日
11月28日　1月16日　1月23日
全日 10:00～11:30

入試説明会＆帰国生説明会

11月22日(日)　1月17日(日) 両日 10:00～12:30

11月22日には
「過去問チャレンジ同時開催」

イブニング説明会＆帰国生説明会

12月18日(金) 18:30～20:00

※すべての説明会に予約が必要です。

柏苑祭
10月3日(土)・4(日)
10:00～16:00
個別相談コーナーあり

アクセス

小田急線
成城学園前駅より徒歩10分

東急田園都市線
二子玉川駅よりバス20分

東京都世田谷区成城1-13-1
TEL 03-3415-0104　FAX 03-3749-0265

お問い合わせはこちら
info@tcu-jsh.ed.jp

東京都市大学 付属中学校・高等学校

TOKYO CITY UNIVERSITY JUNIOR AND SENIOR HIGH SCHOOL

Wayo Konodai Girl's Junior High School

特色ある英語教育

高い英語力を身に付け、世界を舞台に活躍できる人材を育てるために、楽しくアクティヴな英会話の授業を設けています。１～３年生まで通常クラスをレベル別に３クラスに分けて、１０人以下の少人数クラスで、週１時間行っています。

また、冬休みには１～３年生が参加できるオーストラリア姉妹校の教師による英語研修合宿、３年生の夏休みにはブリティッシュヒルズ語学研修を、３月にはイギリスへの８日間の研修旅行を用意しています。

実験・観察を重視した理科教育

理科の授業は週４時間。「実体験から学ぶ科学」を掲げ、週２時間、３年間で１００項目の実験・観察を取り入れています。五感を使った体験型授業を展開し、身の回りの自然科学への理解を深めています。

液体窒素を使った状態変化の実験やブタの心臓の観察など本校独自の内容を取り入れ、理科への興味・関心を養っています。３年生では課題研究に取り組むことで、自然科学への探求方法を学習し、科学的思考や応用力を養います。

英会話の授業風景

■学校説明会

9月19日（土）
10月17日（土）
11月 7日（土）
12月12日（土）
1月 9日（土）

■体育大会

9月27日（日）

■学園祭

10月24日（土）
10月25日（日）

※各行事の詳細はHPをご覧ください。

理科実験（ブタの心臓の解剖）

鮮やかな色のバス、生徒がデザインしました。

スクールバス運行

松戸駅/北国分駅　⇔　本校
市川駅/市川真間駅　⇔　本校

和洋国府台女子中学校

http://www.wayokonodai.ed.jp/

〒272-0834　千葉県市川市国分4-20-1　Tel:047-374-0111

女子美術大学付属高等学校・中学校

JOSHIBI

2015年度 公開行事情報

公開授業　予約不要

9月26日（土）
10月3日（土）
11月21日（土）
11月28日（土）
各 8:35 ～ 12:40

女子美祭

～中高大同時開催～
～本校最大のイベント～

10月24日（土）・25日（日）
各 10:00 ～ 17:00

ミニ学校説明会　予約不要

24日（土）
10:30 ～、13:30 ～
25日（日）
10:30 ～、12:30 ～、
14:30 ～

学校説明会　予約不要

10月3日（土）
11月28日（土）
各 14:00 ～

すべて
上履不要

〒166-8538　東京都杉並区和田 1-49-8　[代表] TEL: 03-5340-4541　FAX: 03-5340-4542

http://www.joshibi.ac.jp/fuzoku

100th 2015 ANNIVERSARY

各学年で多彩な国際理解教育を展開
環境教育を取り入れた独自のプログラム

獨《どっ》協《きょう》中学校

School Information

所在地	東京都文京区関口3-8-1	TEL	03-3943-3651
アクセス	地下鉄有楽町線「護国寺駅」徒歩8分、地下鉄有楽町線「江戸川橋駅」徒歩10分、地下鉄副都心線「雑司が谷駅」徒歩16分	URL	http://www.dokkyo.ed.jp/

獨逸学《どいつがく》協会によって創立され、海外との深いつながりを持つ獨協中学校・高等学校（以下、獨協）では、多彩な国際交流プログラムが展開されています。

中1・中2は、夏期休暇中に校内で5日間、ゲームなどを行いながら楽しく英語に触れる機会が設けられ、中3は、福島のブリティッシュヒルズで英語漬けの3泊4日を過ごすことができます。こうしたプログラムをつうじて、生徒は英語に親しみ、実際に海外へ行ってみたいという気持ちを持つようになるのです。

そうした生徒の意欲に応えるのがアメリカ・シアトルでのホームステイ（高1対象）です。英語力を高めるさまざまなアクティビティが行われる一方で、現地の企業を見学したり、大学で研究者の話を聞くこともでき、生徒の視野を広げています。

ドイツとの深いつながり 環境を柱としたプログラム

また、ドイツへの研修旅行（中3・高1対象）も実施されています。特徴的なのは環境教育を行う施設や学校を訪れる点です。「ドイツは環境問題に積極的に取り組んでおり、本校も環境教育に力を入れています。環境問題は地球全体の問題です。生徒には、環境というグローバルな課題について自分なりに考えてほしいと思っています」と国語科の坂東広明先生が話されるように、獨協では環境教育と連携した自然と触れあえる国際交流が実施されています。

その特徴が最も表れているのがアメリカ・イエローストーンサイエンスツアー（高1・高2対象）です。研究者とイエローストーン国立公園のなかをキャンプしながら、自然に触れ、生息する生物や見つかった化石について学ぶ獨協ならではのフィールドワーク型のプログラムです。

そして、国際理解教育の集大成となるのが、ハワイ修学旅行（高2）です。平和教育、国際理解、自然学習を柱に、ハワイ島でマウナケア山に登ったり、ハワイ大を訪れ学生との交流や研究室の見学を行うなど、体験を重視した濃密な時間を過ごします。「修学旅行は3年前に行き先を国内からハワイへ変更しました。実際に海外へ行くという体験は生徒を大きく成長させます。グローバル化する社会を生きる彼らには、海外の人ともつながりをつくれる力が求められています。そういった機会をさまざまなかたちで用意するのが学校の役割だと感じています」と坂東先生。

修学旅行以外は希望者を対象としたものですが、どのプログラムも人気で多くの生徒がいずれかに参加しています。獨協中学校・高等学校は今後も独自の国際理解教育で生徒を大きく成長させていくことでしょう。

植物の化石を手にする獨協生

ハワイ島で見た満天の星空

学校説明会・公開行事

限定ミニ説明会　※要予約
11月2日（月）10：00～12：00
小４・小５対象　定員100名
獨協中学校小講堂

学校説明会　※予約不要
10月11日（日）10：00～12：00
11月15日（日）13：30～15：30
獨協中学校体育館

獨協祭（文化祭）
両日とも10：00～15：00
9月19日（土）　9月20日（日）

中学受験
合格ガイド2016

Contents

大学入試改革に対応し
21世紀型能力を養う

佼成男子

Since 1954

2016年度入試より
web出願スタート！
適性検査型入試・英語入試・
一教科 × 面接型入試 はじまる！
未来の可能性を見つける入試へ！
グローバル・リーダープロジェクト生募集！
詳細はお問い合わせください

充実した教育環境と面倒見の良い教師陣で

一人ひとりの可能性と未来への力を伸ばす

ICT

全教室へ電子黒板導入
iPadも一人に一台
アクティブ・ラーニングで
知への探究が加速
*iPadはApple, Incの登録商標です

Global Leader Project

実感、地球の手触り！
世界を舞台にした体験と
それを支える学びを
取り揃えて グローバル・
リーダー・プロジェクト
(GLP) いよいよ始動

進路指導

東京大学に4年連続合格
現役では2年連続合格
難関校へも
手厚いフォロー体制

行事

文化祭・修学旅行など
思い出に残る行事がいっぱい
少人数制だから
ひとりひとりが活躍できる

部活

運動部から文化部まで多様な活動
伝統と実績も充実
勉強との両立も大切にします

■ 学校説明会・イベント日程 ■

学校説明会	学校説明会	入試解説会	学校説明会
9/13 日曜日 10:00-11:00	10/11 日曜日 10:00-11:00	11/8 日曜日 10:00-12:00 説明会も実施	11/20 金曜日 18:30-19:30

入試解説会	入試体験会	渦潮祭（文化祭）
12/12 土曜日 14:00-16:00 説明会も実施	1/9 土曜日 14:00-16:00 過去問解説・説明会も実施	9/26-27 個別相談受付時間 10:00-15:00

最新情報は
コウセイ男子 検索

9/26-27
渦潮祭（文化祭）開催！
元気な佼成男子を見に来てください。
個別相談も承ります。

夢中になれる毎日を、一生モノの仲間と共に。

佼成学園中学校

〒166-0012 東京都杉並区和田 2-6-29 TEL：03-3381-7227
http://www.kosei.ac.jp/kosei_danshi/

明　正　強　「明るく、正しく、強く」

創立から80余年変わらない本校の校訓です。約4万人の卒業生に脈々と流れる伝統を礎に、
今それを「明確に正義を貫く強い意志」ととらえ、本校の教育の基本方針に据えました。
生徒たちと、次の10年そして100年にむけて、“あたらしい「め」をひらき”大樹に育てていきます。

●学校説明会（予約不要）

10月 3日（土）　学校全般の説明 & 在校生スピーチ
11月28日（土）　出題者による入試問題の傾向と対策、ワンポイントアドバイス
1月 9日（土）　いまから間に合う説明会

※時間はいずれも 13：45～15：15

●三黌祭（文化祭）

10月31日（土）・11月1日（日）

※ミニ説明会（視聴覚室）・個別相談（図書室）あり
※予約・上履きは必要ありません。

［平成28年度入試要項（抜粋）］ 特待制度有り

	第1回	第2回	第3回
日程	2月1日（月）	2月2日（火）	2月3日（水）
募集人数	166名	80名	20名
試験科目	2科（国・算）または 4科（国・算・社・理）		2科（国・算）
合格発表	入試当日にHP・校内掲示		
手続き	2月4日～2月9日（火）正午まで		2月4日（木） 16時まで

（アクセス） JR横浜線・小田急線「町田駅」、京王線・小田急線・多摩都市モノレール「多摩センター駅」、JR横浜線「淵野辺駅」の各駅から直行便および路線バス（急行・直行バスは登下校時のみ運行）

日本大学第三中学校

〒194-0203　東京都町田市図師町11－2375
電話 042－789－5535　FAX 042－793－2134　URL　http://www.nichidai3.ed.jp/

佼《こう》成《せい》学《がく》園《えん》女《じょ》子《し》中学校

PISA型入試の先駆者

京王線「千歳烏山駅」から徒歩5分、閑静な住宅街の一角に佼成学園女子中学校（以下、佼成女子）はあります。昨年度、文部科学省からスーパーグローバルハイスクール（SGH）の指定をうけ、さらなる高みを目指して新しい学校改革に取り組んでいます。

「英語の佼成」から「グローバルの佼成」へ

ワンランク上の進学校へ

「英語の佼成」と言われるように、きめ細かな英語コミュニケーション授業、美術・音楽を英語で行うイマージョン授業（英語漬け）、また全校あげて行われる「英検まつり」やイングリッシュサマーキャンプなど、英語教育を軸に大学合格実績を毎年着実に伸ばしてきた佼成女子ですが、今春（2015年度）の大学合格実績が、過去10年のなかで最高の伸び率となりました（下記グラフ参照）。昨年度、SGHに指定されたことが高いモチベーションとなり、教員と生徒が一丸となり頑張った結果が、この進学実績に表れたようです。

今年度、中学校では現状に満足することなく、全体の学力の底上げを図るための様々な取り組みが行われています。例えば、基礎学力の徹底のため月曜日から土曜日までの毎日、自習室において卒業生チューターによる生徒に寄り添った学習指導（ピュアサポート）を行っています。また、成績上位者に対しては、長期休暇を利用し、特別講習による英語と数学の学力強化を図ります。

〈難関大学合格実績〉

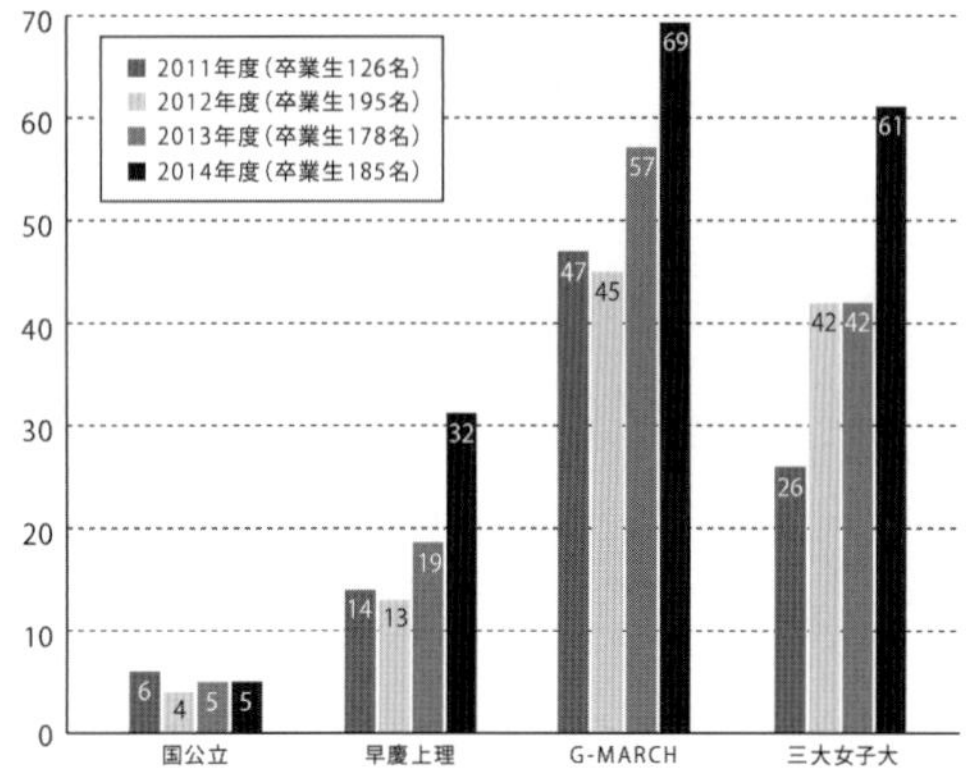

高校では、スーパーグローバルクラスと特進留学クラスを中心とした短期・長期の海外留学制度の充実、特進文理コースでは強化プロジェクトを立ち上げカリキュラムや講習の見直しを行うなど、今よりさらにワンランク上の進学校を目指して新しい取り組みが始まっています。

SGHは、「将来国際的に活躍できるグローバルリーダーの育成を図る」教育機関として文部科学省から指定されます。これは佼成女子の設立理念である「国際社会で平和に貢献する人材育成」とまさに一致しています。これまでの「英語の佼成」だけではなく、世界へ羽ばたく「グローバルの佼成」へと変革を遂げる時代が訪れています。

「PISA型入試」

全国の私学に先駆けて実施

「PISA型」と言えば「佼成女子」と言われるほど、すっかり定着した佼成女子のPISA型入試。中学入試を扱う週刊誌やテレビでも盛んに取り上げられ、話題を呼んでいます。PISA(Programme for International Student Assessment)とは、OECD加盟国を中心に進められている「学習到達度調査」のことです。この形態を基に行われる佼成女子のPISA型入試とは、簡単に言えば、公立中高一貫校で実施されている「適性検査」と同じタイプの問題で合否を決める入試のことです。つまり、「学校学習での教科の理解度や定着度」で合否を判断するのではなく、「将来、社会生活のなかで発揮できる力（思考力・判断力・表現力）をどの程度身につけているか」をみる試験なのです。

出題形式も公立一貫校とほぼ同じように適性検査Ⅰ（国語系の問題・作文）・適性検査Ⅱ（社会・理科・算数の融合問題）で行われますが、佼成女子ではこれ以外に基礎算数と基礎国語の試験を実施して、公立中高一貫校では見極めきれない子どもたちの基礎学力を見ていくところに、独自性と佼成女子ならではのキメの細かさを感じます。

2015年度PISA型入試では、125名の応募者があり、その内の122名が受験しました。40校を超える私立中学校が適性検査型入試を導入する中、100名を超す受験生を集めているのはなぜなのか。それは伝統的な英語力の強さとSGHに指定された多彩な教育プログラムに裏付けされた進学実績の伸長が大きな要素です。そして、公立中高一貫校の適性検査に十分に適応できる腕試し受験の機会として高く評価されているからです。

中学受験時の入り口の偏差値で言えば入りやすいのに、出口の大学合格実績や英検1級合格者の複数輩出などにみられるように「入ったら伸ばしてくれるお得な学校」、それが佼成学園女子中学校です。

江川教頭先生に聞く

「PISA型入試」はここがポイント

ここで、際だつ佼成女子の入試改革を先導してきた江川昭夫教頭先生に、特に「PISA型入試」について聞いてみました。

――PISA型入試の導入経緯と、今後の展望についてお聞かせください。

江川先生「国際学力調査であるPISAは、いまや学力調査のグローバルスタンダード（世界標準）となっています。すでに国際化教育では先へ進んでいた佼成女子にとって、このPISAの理念を活かした入試は〝最適〟と考えたからです。また、2020年度の大学入試改革で導入される『大学入学希望者学力評価テスト』（仮称）では、知識や技能ではなく、思考力・判断力・表現力を総合的に評価することになりました。これはまさに、PISAを意識した方向付けですから、私たちの考えの追い風になると期待しています」

――佼成女子の「PISA型入試」の内容は、都立中高一貫校の出題とよく似ていますね。

江川先生「実は、都立中高一貫校の適性検査Ⅰ、Ⅱという選抜方法は、PISAを強く意識したつくりになっていますから、本校のPISA型入試と似た内容となるのは当然なのです。ですから、受験生は、本校のこの入試問題に歩調を合わせることで、都立の中高一貫校の適性検査への対応がしやすくなります」

――従来と同じ形式の入試も実施されていますが、なぜ、いろいろな種類の入試を用意しているのですか。

江川先生「同じタイプの生徒が集まるよりも、さまざまな能力を持った生徒が学校にいた方がお互いを高めあうことができるのではないかと考えているからです。

1教科に秀でている生徒もいれば、応用力がある生徒、総合力がある生徒など、それぞれ違ったタイプの能力が集まり、相乗効果ともいうべき刺激を互いに与えあうことで、真の学力を身につけることができます。それが学校として最適の環境だと信じているからです。ですから、本校のPISA型入試では、適性検査だけではなく、〝基礎算数・基礎国語〟という試験も行い、さらに受験生の力を見定めようと努力しているのです」

江川昭夫 教頭先生

――昨年度入試から「答案分析」を配布していますね。

江川先生「はい。入試翌日2月2日の10時からお渡ししています。今年度入試では122名の受験者中、100名の方に受け取りに来て頂きました。受験生からは大変好評を頂いていますので、来年度入試でも実施する予定です」

――その「答案分析」とはどんな内容なんですか。

江川先生「例えば適性検査Ⅱでは大問が3題ありますから、答案分析表では三角形のレーダーチャートで全受験者平均と自分の点数とを比較できるようになっています。また、大問ごとに100字程度のコメントも入れていますし、解答分析をお渡しする際に10分ほどの解説もさせて頂いています」

――これから佼成女子を目指そうという受験生、また同じような入試形態の公立中高一貫校を目指す受験生にメッセージをお願いします。

江川先生「PISA型入試も公立中高一貫校入試も思考力を活かした発想の転換や問題解決能力、そして自分の考えを簡潔に文章にして人にわかるように説明する表現力が必要になってきます。

佼成女子はこのPISA型入試のフロントランナーとして、さらに研究を重ねてまいります。PISA型入試や公立中高一貫校入試にご興味のある受験生は、ぜひ佼成学園女子中学校の受験もご検討ください」

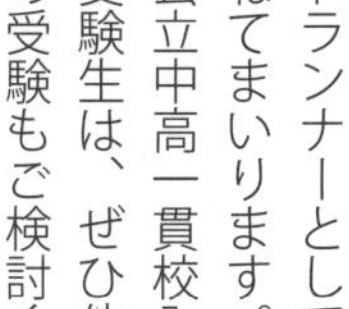

森上's eye

見逃せない 難関大学合格実績の伸び

佼成女子は近隣の都立中高一貫校が旗揚げする前から「PISA型入試」を立ち上げ、そのニーズに応えてきました。その努力の結果、受験生が毎年増え続け、この入試で入学した生徒が学年のリーダー役に育っているのも見逃せません。また、難関大学合格実績の伸びには目を見張るものがあります。

School Data **佼成学園女子中学校**

所在地 東京都世田谷区給田2-1-1
TEL 03-3300-2351
URL http://www.girls.kosei.ac.jp/
アクセス 京王線「千歳烏山」徒歩6分、小田急線「千歳船橋」バス15分、「成城学園前」バスにて「千歳烏山駅」まで20分

学校説明会
10月10日（土）14：00～
11月15日（日）10：00～
12月13日（日）10：00～
1月 9日（土）14：00～

乙女祭
9月19日（土）12：00～
9月20日（日） 9：30～

PISA型入試問題学習会
12月 5日（土）14：00～ 要予約

出願直前個別相談会
1月16日（土）10：00～

明治大学付属中野中学校

NAKANO JUNIOR AND SENIOR HIGH SCHOOL ATTACHED TO MEIJI UNIVERSITY

質実剛毅　　協同自治

＜平成27年度　説明会日程＞

説明会	10月　5日(月)　9：30～11：00
	10月 26日(月)　9：30～11：00

※両日とも「なかのZERO大ホール」にて行います。
※事前の申し込みおよび上履きは必要ありません。

〒164-0003 東京都中野区東中野3-3-4 **TEL.03-3362-8704** http://www.nakanogakuen.ac.jp/

R中央・総武線／東中野駅から…［徒歩5分］　都営地下鉄大江戸線／東中野駅から…［徒歩5分］　東京メトロ東西線落合駅から…［徒歩10分］

Be Gentlemen, Be Ladies.

世界に目を向けた伝統校 ～グローバル&サイエンス～

帰国生向け、英語特別授業を実施！　中3海外修学旅行を実施！
海外研修はカナダ&英国（ケンブリッジ大学、オックスフォード大学）で実施（希望者）！

帰国生を対象として、週6～7時間のすべての英語の授業を英語で行っています。また、中学3年生では全員を対象とした海外修学旅行を実施するとともに、夏には希望者を対象にカナダと英国（ケンブリッジ大学、オックスフォード大学）での海外研修を実施しています。

2009年度、市川高等学校は文部科学省からSSH（スーパーサイエンスハイスクール）に指定され、2014年度は第2期SSHとして継続指定されました。SSHの趣旨を踏まえ、市川サイエンスでは、中学1年生から数多くの実験・観察を通し、自分で課題を見つけ、研究発表できるよう、独自のカリキュラムを組んでいます。

校舎併設の総合グラウンド,バスターミナル完成

■大学入試結果2015

《国公立大学》

東京大学	13名	名古屋大学	2名
京都大学	1名	大阪大学	5名
東京工業大学	16名	千葉大学	37名
一橋大学	10名	筑波大学	14名
北海道大学	8名	電気通信大学	4名
東北大学	8名	お茶の水女子大学	4名

※医学部医学科21名合格

《私立大学》

早稲田大学	144名
慶應義塾大学	108名
上智大学	52名

中学校説明会：10月24日（土）
①9:00～10:30　②11:30～13:00　③14:00～15:30
※9月24日（木）18:00よりHPで予約受付開始

なずな祭：9月26日（土）・27日（日）

12月　帰国生入試実施

SSH（スーパーサイエンスハイスクール）指定校・ユネスコスクール加盟校

市川中学校

〒272-0816 千葉県市川市本北方2-38-1
Tel.047-339-2681
ホームページ　http://www.ichigaku.ac.jp/
学校説明会、公開行事の詳細はホームページをご覧下さい。

◇アクセス案内◇
●京成「鬼越駅」より徒歩20分　●JR・都営地下鉄新宿線「本八幡駅」よりバス11分（JR北口②番乗り場バスいずれも可）
●JR「市川大野駅」より姫宮団地経由本八幡駅行きバス11分　●JR「西船橋駅」より直通バス20分（登下校時のみ運行）
*いずれのバスも「市川学園」で下車下さい。

夢をかなえる『Frontier Program』

淑徳巣鴨中学校

校訓「感恩奉仕」を基礎に、豊かな人間形成に取り組んできた淑徳巣鴨中学高等学校。急速に変化を遂げるグローバル社会に対応できる人間の育成を目的に、“Change & Challenge”をテーマに教育を実践しています。

難関大学合格実績の向上

感恩奉仕の「おかげさまの心」を教育の柱に置き、「楽しく学び続ける」ことを実践する淑徳巣鴨中学高等学校。熱意ある先生方のきめ細かな教育の指導により、近年、難関大学合格実績の向上が顕著に表れています。

今年度（2015年度）の結果を見てみると、難関大学合格者数は合計271名（国公立15名、早慶上理ICU38名、GMARCH218名）でした。この人数は2013年度の、なんと170％に相当します。またGMARCHだけで見てみると、3年連続で合格者が増加し、今年度の現役合格者数は200名を超えました。

この結果は首都圏の進学校の中でも優秀な実績と言えます。このような大学合格実績の背景にはどんな取り組みを行っているのか、入試広報部長の目黒桂一先生に伺いました。

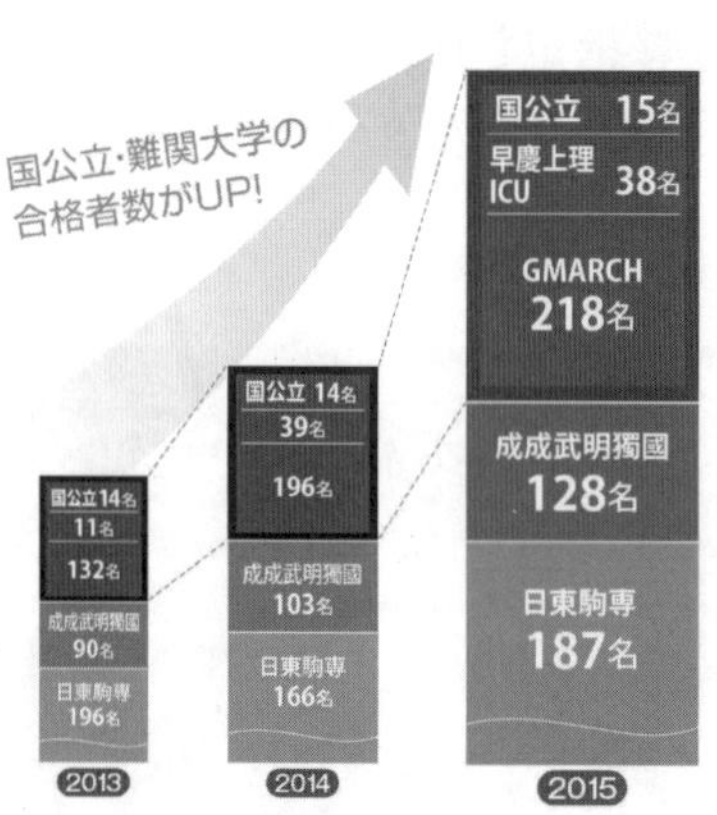

GMARCH合格者は現役200名を突破！

多彩な取り組みがある「フロンティアプログラム」

「大学受験のためだけの特別な講座を行っているわけではありません。生徒にしっかりと将来の目標を見つけてもらうために、そしてそれを実現してもらうために様々な取り組みを行っています。この中高6ヵ年に渡る一連の取り組みを、本校では〝**フロンティアプログラム**〟と呼び、生徒と一緒に日々取り組んでいます」（目黒先生）

淑徳巣鴨の学校パンフレットやホームページに載っている卒業生のメッセージの中に、「朝テスト」「チャレンジノート」「スポンサー講座」「ベストスチューデント」「SSC」「JKS」「サマーキャンプ」という言葉が多くみられますが、目黒先生に伺ったところ、これらは〝フロンティアプログラム〟として行われている取り組みとのこと。次では、その代表的な取り組みのいくつかをご紹介します。

チャレンジノート

入学当初から取り組む「チャレンジノート」は、**P（plan）・D（do）・C（check）・A（act）**サイクルを身に付けるための取り組みです。このノートには1日の生活記録だけでなく、自分でどのような学習計画を立てたか、そしてその目標に対してどれだけ勉強したかを毎日記録し、担任に提出します。

入学当初は、学習計画など上手く書くことができなかった生徒も、友だちや先輩のノート、担任のコメントなどを参考にすることで、今の自分に何が必要で何が不足しているかをしっかりと考えるようになり、少しずつノートの内容が向上していきます。

中学の早い段階からこのチャレンジノートに取り組むことで、主体的

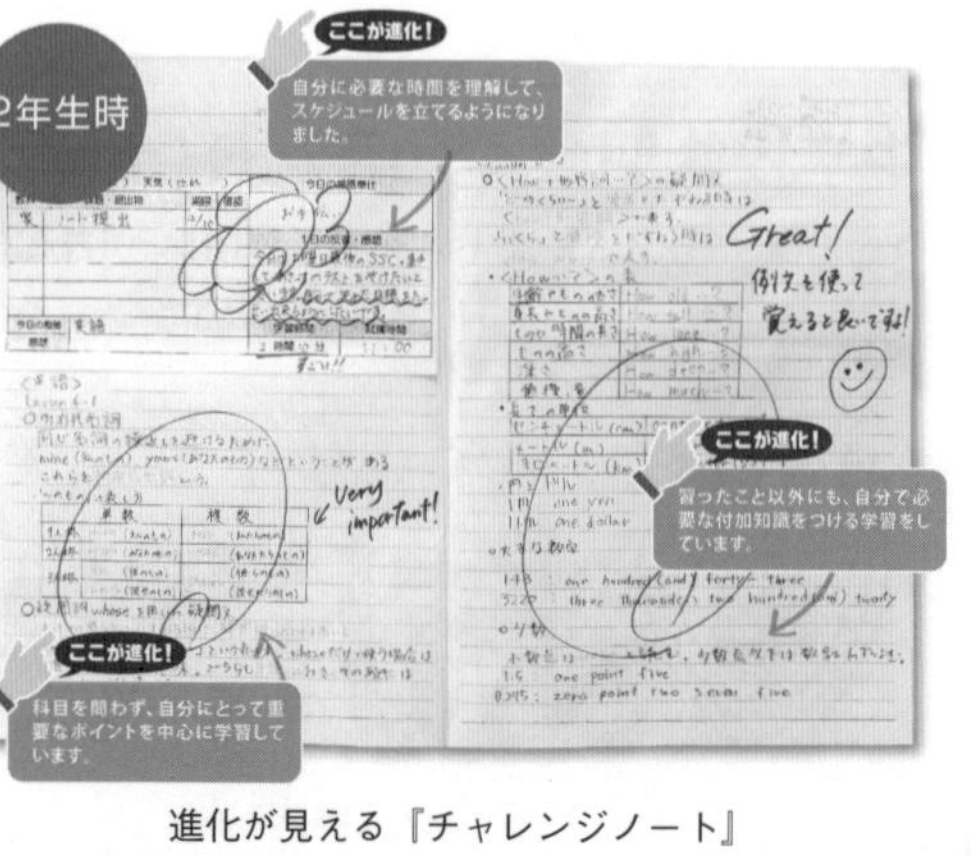

進化が見える『チャレンジノート』

に学習に取り組む習慣が形成され、楽しく学び続けることへの喜びが生まれます。以下はそれを裏付けるような卒業生の言葉です。

「入学当初は、チャレンジノートにはとても消極的でしたが、友達がいろいろな工夫をして学習に取り組んでいる姿を見て、〝もっとやろう、もっとできる〟と思うようになり、いつの間にか学習することが楽しくなっていました」（卒業生の言葉）

また、このチャレンジノートは手書きのため、その微妙な文字の様子や学習量の変化などで生徒一人ひとりの心の状態を把握することもでき、生活指導に有効に活用されています。

ベストスチューデント

淑徳巣鴨では、「誉めて伸ばす」ことを念頭に、学校生活の中で前向きに頑張り、輝いている生徒を「ベストスチューデント」や「STAR OF SHUKUSU」として表彰しています。勉強、部活、掃除、チャレンジノートなど様々な場面で一生懸命に頑張ることで、誰にでも表彰される機会があるため、生徒はもっと誉められようと頑張り、そして自分の頑張っている姿をどんどんアピールするようになります。教員は、そうした生徒の頑張りをサポートし、評価しようとするため生徒との信頼関係が深まり、学校全体でやる気を育む好循環が生まれています。

「表彰者は写真付きで校内に掲示されますので、生徒たちの学校生活に対するモチベーションが高まります。また、この取り組みにより自己PR力が高くなるため、大学のAO入試や推薦入試において良い効果が報告されています」（目黒先生）

『ベストスチューデント』の掲示板

JKS（受験校決定サポートシステム）

このシステムは、大学試験日のバッティング情報、志望する大学・学部の出願状況、卒業生の併願スタイルなどのデータベース化された情報をもとに、生徒一人ひとりの模試データと希望大学・学部・学科などを綿密に分析して、最適な大学・学部・学科の受験パターンを決定する淑徳巣鴨独自のシステムです。ただし、生徒本人の意思を尊重することが大前提であることは言うまでもありません。

この決定に至るまで、高3の担任を中心に毎回20名ほどの教員がJKSに任意で参加し、データをもとに、経験や情報を共有しています。これにより担任は自信を持って生徒および保護者に対してJKSにより決定した内容を説明することができるので、信頼関係がより一層強くなり、生徒は納得して受験勉強に集中するようになります。

「昨年度から飛躍的に難関大学、特に、GMARCHの現役合格が増えたのは、このJKSの効果が絶大です」と目黒先生も嬉しそうに話されました。

これらの取り組み以外にも、基礎学力の定着を図る「朝テスト」やグローバル化に対応した国際教育のひとつである多様な留学制度など、様々なプログラムが〝フロンティアプログラム〟として実施されており、生徒と教員が一体となって未来に生き抜く力を探求しています。

勇気を持って実践する「感恩奉仕の心」

「感恩奉仕の心は誰でも持っていますが、それを発揮するには勇気が必要です。それができるようになれば、自ずからリーダーシップが身に付いていきます。そのためには、生涯学びを継続すること、それも楽しく学び続けることが重要です」と今年度から新校長に就任された境忠宏先生は語ります。

まもなく創立100周年を迎えようとする淑徳巣鴨中学高等学校。境校長のもと、さらなる今後100年に向けて、様々なプロジェクトチームが立ち上がり、新たな学校改革が始まっています。

淑徳巣鴨中学高等学校

〒170-0001
東京都豊島区西巣鴨2-22-16
TEL. 03-3918-6451
http://shukusu.ed.jp

＜学校説明会＞ 全日程とも 要予約
第2回 9月11日（金） 19:30～20:30
第3回 10月11日（日） 11:00～12:00
第4回 10月31日（土） 10:30～12:30
※公開授業あり
第5回 11月22日（日） 9:00～10:30
※入試体験あり
第6回 12月20日（日） 11:00～12:00

＜入試対策説明会＞ 要予約
1月10日（日）
午前の部 11:00～12:30
午後の部 14:00～15:30

＜淑鴨祭（文化祭）＞ 予約不要
9月19日（土）・20日（日） 9:00～15:00
※両日とも入試個別相談コーナーあり
（10:00～15:00）

データから見る中学受験　首都圏

中学受験事情

□中高一貫教育のいまと明日
□2016年度の中学入試予測

森上教育研究所 所長　森上 展安

中高一貫教育のいまと明日

私立と公立の中高一貫校「似て非なる」その内実

２０２０年に向けていま、学校教育、とりわけ中学高校の教育がその姿を変えようとしています。

中高一貫校には、現状では中学と高校が一貫している多くの私立（首都圏、関西圏など都市部に多い）と、都府県立の高校が中学を併設した公立一貫校が少数あります。いずれもその出口である大学進学に見通しが利き都市部では人気が高いのです。

しかし、私立中学については費用がすべて保護者負担です。中学から年間で70～１００万程度かかり、中学受験のコストも3年間で２３０万相当はかかるのに対して、公立一貫校はその費用の心配がなく、出口を期待できる公立トップ、準トップ高校中心に併設され、多くは募集数の7～10倍の人気になっています。

従来、公立と私立では費用負担のちがいが大きかったですが、近年、高校部分は中所得者層以下を対象に支援金や給付金が支給され、負担の公私格差は高校ではかなり緩和されました。さらに公私で差のある教材費相当額について、開成、渋谷教育学園幕張、明法など、まだ数校ですが、学校で基金をつくって年収４００万以下の所得層にはこれを支給する仕組み――ファイナンシャルエイドと言いますが――が今春から始まっています。

さて、公立中学と公立中高一貫校での中学とはなにがちがうか、それは大きくふたつあって、入口で選抜をするかどうかと、中学の学習内容と高校の学習内容を途切らせず、うまくつなげているかどうか、です。

また、中高一貫校なら公立でも私立でも内容は同じではないか、と思われがちですが、その最大の相違はじゅうぶんな授業時間（英語なら公立週2・5時間に対して私立週5時間）にあります。わかりやすいのが寮制学校でのアフタースクールで、寮教育に学校と匹敵するくらいの時間と重さがあります。そうでなくとも私立中学校に多いのがアフタースクールをメニューにあらかじめ組みこんでいるところが少なくないのです。いわば（費用のかかる）塾などに行かなくてもいいよ、とアピールしているわけですが、そればかりでなく家庭でひとりで学習するよりも学校の仲間と学習することのよさを考えてのことでもあります。当然長い学習習慣が身につきます。

アフタースクールついでに言えば、クラブなどの活動時間や活動方式もどちらかというと、目的合理的に運営され、とくに生徒の自主運営を尊ぶ気風が私立にはあります。いわば生徒文化を育む中心になるのが、このアフタースクールでの活動です。なかでも中学3カ年だけでなく、中高6カ年の年齢差のある集団の活動は、とくに中1・中2生にとって5～6年後の自分をみるべきモデルが身近にあるところがいちばんのポイントです。とても体格差も精神年齢差も大きく映ります。強く惹きつけるだけのインパクトがあるのです。そこが中学だけの学校と、中高6カ年一貫の学校との、じつは大きなちがいといってよいでしょう。

私立中下位校に吹き始めた再評価、再浮上の風

受験生保護者の目には、出口の大学実績がまず目に入りますから、私立中学の人気は出口実績の高いところに多くの受験生が集まり、そうでないところには受験生が集まらない図式があります。

選抜試験として、入口で点差の開きやすい問題を課すため、この傾向が強まりやすいとも言えます。

10年ほど前から公立一貫校ができ、中学受験の入口のようすに変化が生じました。前述のとおり公立一貫校の多くはトップもしくは準トップの公立高校に直接進学できるのが大きなメリットですが、にもかかわらず選抜試験をしてはいけないのです。つまり1点差で合否が決まるのではなく、適性検査＋内申という選抜の仕組みのため、学力のみの選抜ではなく、その学力も適性検査で測られるために、事前準備はしづらいものとして設定されました。

合否が偏差値など点差で測られやすいものではなかったため、かえって合格可能性への期待が高まり、高い倍率での選抜状況つまり人気が高止まりすることになっています。入口で偏差値輪切りにならない選抜制度に加え、出口は県立トップ校に準ずる実績をだす公立一貫校が相次ぎました。こうなると、とりわけ入りやすい私立中学で、出口の実績がふるわない中下位校中心に折からのリーマンショック以降の不況もあって私立中受験生数が急速に減少、リーマン以前と比べて6～7割もの受験生が減少していきました。この成績中下位層はむしろ高校受験へ回ったぶんといえます。公立一貫校受検生の方は、当初から変わらない受検生数で高い人気をしめしていますが、もともと公立高校受検層がその大半を占めているからでもあります。

しかし、そうした私立中高一貫校受験者層の減少に対して、公立中高一貫校受検者数高止まりの構図は、ここ2年、変化が見られます。

というのも公立中高一貫受検生数が今春、（1割程度ですが）大幅と言っていい減少を初めてしめし、一方で私立中下位校を中心に私立適性検査型入試を受ける受験生が倍々ゲームで急伸しているのです。

中下位校にとってかならずしも好ましい結果をだしてこなかった、点差のでやすい選抜試験から、公立と同じ方式の、偏差値輪切りではない選抜方法に変えたことが受験生を呼び戻しているのです。

公立中高一貫校の適性検査は、いずれも統一入試日での試験で、1校しか受検できないため、腕だめしも含めた併願ニーズを私立中下位校が取りこむ方策として用意されたのが「適性検査型入試」でしたが、これが中下位校の人気復調にひと役買っているのがこの数年の現象です。

そうした消極的要素のみならず、大学入試制度に変化がありそうなこと、それが適性検査型入試と類似しそうなこと、という追い風が急速に吹き始めたことも背景にあり、私立の適性検査型入試は、来春、中堅中位校も女子校中心に導入するため、いっそう、受験生が増えそうです。

まとめとして、冒頭の２０２０年の教育改革の話に戻ります。この年を境に新しい大学入試制度が始まる、という文科省の進めている高大接続システム改革は、今後、いっそうの少子化時代に入るなかで偏差値輪切りの入試に変えて、適性検査型の学力選抜＋人物評価の個別試験を導入しよう、という方向です。

そうなると、中学入試でもそうであったように中位大学に大きな変化が生じますし、上位大学も学力の質を、より試されることになります。

今後の中高一貫校はこの流れにどう棹《さお》さす教育ができるのかが問われることになります。

2016年の中学入試予測

全体状況

近年の志望者減から反転 全体で2％の伸びしめす

6月・7月に行われた首都圏の四大模試の集計をみると、男子で2・4％約500人、女子で1・7％約300人強の受験者が増え、合計で2％の伸びとなっています。

一方で、7月末に行われた東京私立中学高等学校協会の学校フェアに訪れた人の数は、対前年で弱含みとなっていますが、6年生だけ抽出できるわけではないので、やはり前述の模試受験生数が当面のメルクマール（指標）になります。

11月、12月の秋の模試情勢をみてみないと、最終的な情勢の見極めはむずかしいのですが、全体状況として、今回明確な増加傾向をみせている点は近年にない新味です。

したがって、来年の受験生は「増える」ということを念頭において考えてよいでしょう。

この2％程度の増加傾向に対してふまえておくことは、やはりそれが全体におしなべて、という状況かどうか、つまり、すべての学校で2％程度増えるのかということです。

じつは、そうは考えにくいのです。近年の入試状況は人気変動による大幅増・大幅減の傾向が強く、前年対比2％など微増か微減という穏やかな変化は、あまり考えられません。

つまり、全体で2％増となると、それなりに急増校が多くなり、一方で急減校も出現するということです。めざす学校によってはきわめて変動の大きなものになります。

増加傾向をしめす学校が多くなり、それなりにやはり受かりにくくなる、とも言えます。そういう意味で志望校や併願校の、秋の模試での志望数動向にいっそう気をつけてください。

つづいていた緩和傾向についてです。2月1日以降の入試もさることながら1月中の入試が一部をのぞいて総緩和していたのがこの数年の状況でした。

しかし、この2％の増加傾向でいうと、1月中の埼玉・千葉の受験志望者数が増加しているのです。

埼玉は栄東、開智の二強状態から、中堅校が大きく志望数を伸ばし、千葉はこれまで難関上位校のみならず中堅校も人気がありましたが、その中堅校が、さらに大幅な増加傾向をしめしています。

1月入試の不合格率は必然的にあがりそうです。つまり、1月入試でひとつ合格を取って、2月1日に上位本命校に挑戦するという、この数年の受験生のとりえた合格作戦がとりづらくなります。

したがって、もし、1月入試で手堅く合格を取りにいくなら、より受かりやすいところか、寮制学校のように合格率の高いところにシフトするのもよいかもしれません。

慶應附属の復調筆頭に 大学附属校の人気もどる

また大きな変化は、久々の大学附属校人気です。

男子では早慶の附属人気が増大しているほか、男女共通して中大附属や中大横浜、青山学院など、また、共学化する法政二などの人気がでています。

もちろん、明大明治や早稲田実業など対前年で弱含みのところもありますが、この数年、人気減の傾向がつづいていた慶應義塾の復調に代表される附属校人気の復活が印象的です。

保護者の間で、今後予想される大学入試改革で、受験を経て進学する進学校ではむずかしい対応を迫られるデメリットを心配する向きがあり、これが附属校人気の復活をもたらしているとの説もあります。

理由はともあれ、この数年間は緩和傾向が強かった多くの大学系列校は反転、難化します。大学附属校を第1志望とする受験生は、そこを織り込んで同じ系列校でも倍率の低いところにシフトするのも一策です。

この附属校志望層の増加が、はたしてほかの学校にどのようなダメージを与えるのかですが、レベル的に、偏差値50台後半から60台そこそこ（四谷大塚80％合格基準予想偏差値）の学力層ですから、そういった難度の進学校の受験生が減少して入りやすくなる可能性もあります。

明確に増加、難化すると予想されるところもあります。それは東京大実績を2桁急進させた海城であり、渋谷教育学園渋谷です。

海城は男子校、渋谷教育学園渋谷は共学校なので、各々競合校と目される学校では志望数が減少するかもしれませんが、なによりこの2校の倍率が高くなり、入りにくくなる結果、各々を第1志望とする受験生は2回入試、3回入試を受験せず、併願校にまわる選択も考えなくてはならない、ということです。

サンデーショックの前年と比べてみた女子校の動向

女子校については、2015年入試のサンデーショックを経て揺り戻しがどのようになるか注目されます。これについては、模試の受験者数全体の規模があまり変わっていないので、前々年にあたる2013年模試との対比で2016年を予想したいと考えます。

また、来年入試の大きなトレンドとして私立適性検査型入試の新展開があげられます。

これは、8月末にも発表されるといわれる文科省の高大接続システム改革会議の中間まとめで、新しい大学入試の姿がしめされるはずですが、ここに、合教科総合型の学力試験が位置づけられることになります。それは公立中高一貫校の適性検査と考え方においては同様のものと思われます。

この学力評価のありかた、テストのありかたをふまえた私立中学入試が登場しそうというわけです。

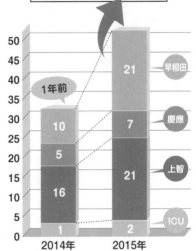

現に、宝仙学園理数インター、品川女子学院、共立女子、光塩女子学院などといったところがそのような方針の入試を行うことを明らかにしており、これに従来から（といってもこの数年前からですが）私立の適性検査型の入試を行っている学校と合わせると、40校ほどにもなり、昨年20校、今年30校と増大してきた私立適性検査型入試ですが、こうした実施校数の増加＝受験生の増加が、中学入試全体を急速かつ質的に変化させていく可能性があります。

私立適性検査型入試の特徴は、一般入試のような受験準備不要、多くに奨学金など給付金がついている、1点差ではなく、将来の伸びを見る適性検査だ、というところです。

ちなみにこれまでの多くの私立適性検査型入試は倍率が1倍に近く、ほぼ確実に合格できることから、選抜試験の性格より入学後のクラス分けの参考テストのようなものになっていましたが、その点は今後の入試説明会での説明を待たなければなりません。

また、この春の2015年入試で強いうねりとなったグローバル化ですが、2016年入試ではっきりと勢いのでている学校もあればそうでないところもあります。

たとえばスーパーグローバルハイスクール（SGH）の代表格である品川女子学院、海外大進学支援が鮮明な武蔵などはやはり前者です。

このグローバル化あるいはそれにともなうアクティブ・ラーニングの授業など新しい動きをつねにフォローアップしている広尾学園など、いわゆる次世代型の教育を具体的なかたちにしてみせているところは引き続き人気状況です。

さて、これらの情勢をふまえて、男女別に予測を試みます。

男子予測

早慶の大学附属が復調
栄光学園大きく増加

男子予測は男子校と共学校の男子、女子予測は女子校と共学校の女子について書いていきます。

【2月1日入試校】

この数年、あるいは昨年とはちがった情勢になっています。

大きなちがいなのは早慶大附属の復調です。慶應義塾普通部、早大高等学院ともに増勢基調、ただし、早稲田、早稲田実業は減少傾向で、これは2015年入試の反動と思われます。

東京大合格実績増で、渋谷教育学園渋谷、攻玉社が大きく伸ばしていますが、実績がよかった海城は、2月1日では変わらず。

また、武蔵、本郷が今年も増加基調です。一方、巣鴨、城北、世田谷学園は減少基調がつづいています。

【2月2日入試校】

聖光学院、栄光学園は、いずれも増勢ですが、隔年現象もあって栄光学園が大きく増加の傾向です。

注目は慶應義塾湘南藤沢で、上位成績層の支持は固いものの、中位層の減少が響き減少傾向がつづいています。

さらにここでもSGHに指定され注目される青山学院で、併願校として急浮上の横浜英和女学院（神奈川～青山学院横浜英和に校名変更）の男女共学化は2018年度からにもかかわらず、女子同様大きく増加傾向をしめしています。

一方、男子中堅校・鎌倉学園の増加傾向に対して、高輪、東京都市大付属など東京の中堅校は前年並み。獨協、国学院大久我山もほぼ同様で、昨年並みと、やや弱含みの情勢です。

【2月3日入試校】

慶應義塾中等部が復調しています。また、海城2回目は東京大合格実績の効果が、ここで鮮明にでて大幅な志望増となっています。

男子中堅校の暁星、学習院が昨年につづき緩和傾向をしめしています。対して高人気がつづくのは成城で、やや入りやすいうえ、新校舎による面目一新効果が好感の形です。

女子予測

女子学院の異変は特筆
鷗友の2回入試化どう影響

【2月1日入試校】

増減指標ですが、女子は前述のとおり、対2013年比の模試志望数でこれを書いています。

なぜなら、一昨年と来年入試がサンデーショックのない年だからです。しかも、大枠の受験生数に変化がない、つまりパイ全体は変わらない安定した状況ですから、一昨年との比較でみた方が、より2月1日の志願状況が明確化できる、と考えているからです。

この春の入試では2月2日に移動させた女子学院が、大幅に志望者数を減少、6、7月の模試では10％をこえる大きな減少となっています。これはどうしたことでしょう。「異変」といっていいかもしれません。

一方で2月1日を動かなかった桜蔭は、はっきり増加傾向をしめし、雙葉は微減傾向です。

注目は神奈川御三家です。サンデーショックの2015年入試では大幅な緩和で、倍率は相当落ちこみました。おそらく実倍率は有史以来の緩和だったのではないでしょうか。

2016年入試の志望者数はフェリス女学院、横浜雙葉2割オーバーの増、一方横浜共立学園は2割オーバーの減と明暗が分かれています。

つぎのランクの鷗友学園女子、吉祥女子、頌栄女子学院も大きく増加の傾向ですが、吉祥女子だけは高止まりで増減はありません。また「反転学習」スタイルを学校改革の柱にすえた洗足学園も大幅な増加傾向をしめしています。

いずれにしてもはっきりしていることは、こうした上位ランクの学校へはこの時期志望数が多い、ということで、最後までこれがつづくことはないでしょうが、しかし、いまの受験生の動向が、こうした上位校に厚くなっていることははっきりしています。

なお、渋谷教育学園渋谷の女子は微減で、東京大合格増効果は成績上位層に訴求して増加しているものの、中位層では敬遠の動きになっています。

キリスト教系の立教女学院と東洋英和女学院でも明暗が分かれています。

立教女学院はインターナショナル

バカロレア導入校として学校改革を進めていますが、大きく減少しており、他方、東洋英和女学院は昨年の「花子とアン」効果といわれた高人気状況が高止まりしており、2割オーバーの人気となっています。

さて、伝統系附属の学習院女子、日本女子大附属と、また、進学校ではありますが伝統系女子校としての大妻では、附属系の前二者が2割程度の減少、グローバル志向を明確に打ちだしつつある大妻が2割オーバーの増という動向になっています。

【2月2日入試校】

2月2日は、神奈川の女子御三家、併願校の鎌倉女学院と湘南白百合学園が2015年入試で大きく緩和しましたが、鎌倉女学院の方が、より大きかったため、2016年入試での受験生動向が注目されていますが、この春先の動向をみるかぎり、鎌倉女学院は大幅復調、湘南白百合学園は堅調という動きになりました。もとの状況に戻りそうです。

さて、東京の2日校では鷗友学園女子の2日入試がなくなりましたので、当然ですが、豊島岡女子学園、吉祥女子、洗足学園への志望者数が大きく増加しています。しかし、校風が異なる白百合学園は増加せず、むしろ減少傾向をしめしている点が注目されます。

大学附属校の動向ですが、青山学院は2月1日入試の横浜英和女学院の系列化で併願ニーズが高まって増加の傾向をしめし、慶應義塾湘南藤沢は男子同様、減少傾向がつづいています。

また、大妻、品川女子学院などグローバル志向が鮮明な学校では志望増となっています。

【2月3日入試校】

2月3日入試の話題はやはり鷗友学園女子の2回入試化で2日入試をやめたため、3日入試の増加がやはり著しくなっています。

慶應義塾中等部はここにきて男子同様緩和しています。

ほかの2回入試校の動向は1日入試と同様の傾向をしめしています。

共学校について

青山学院の系列校効果に法政二の共学化効果も

以下は共学校中心に書き進めてみます。といっても何校かの上位共学校は、前項の「男子予測」「女子予測」のなかで取りあげましたので、ここでは大学附属共学校を中心に動向を伝えます。

中大横浜、中大附属、明大明治、法政二などはいずれも増加傾向をしめしています。これは明らかに附属の復調傾向が鮮明なことをしめしています。

もちろん、すでにあげたとおり、青山学院のような系列校効果もありますし、法政二のような共学化効果もあります。

法政大中は、法政二の共学化のために、青山学院とは逆に1回目入試は競合化して減少しているのかもしれませんが、2回目では併願ニーズで大幅増加しています。つまり、各々の努力が実ったとも言えますから、たんに外部事情だけの理由ではないのでしょう。しかし、これは確かな傾向です。

2020年からの新しい大学入試もさることながら、グローバル対応も各系列大学が相当に進めています。それはやはり有名大学がなんといっても強力で、また、これから大学の多くが英語の外部試験を、もう2016年大学入試から採用する動きになっています。

つまり、大学附属、しかも有名大学附属に入っていれば新しい教育の方向に大きくかじを切ってくれる期待が高まっている、ということも事実でしょう。

このほか共学校の動向で注目しておきたいのは、将来をしっかり見据えている中堅校の動向で、入口の入りやすさに比べて大きく出口実績を残しているような学校です。

宝仙学園理数インター、あるいは帝京大中、穎明館、あるいは国学院大久我山、淑徳などがあります。これは埼玉では、栄東、開智、千葉では千葉御三家に加えて芝浦工大柏そして麗澤などがあり、こうした学校は、7月模試までの時点では注目が集まりにくい面があります。

秋の終盤には実力校として注目される度合いが高まってきます。共学校ではありませんが、桐蔭学園中等教育学校もこうした学校のひとつですし、別学校の桐光学園も実績上昇がめだっています。

今回の予測ではこうした中堅校に触れていませんが、受験生の多くの関心のあるところでしょう。

あるいは男女別学校でいえば、佼成学園（男子）のほか、SGHに指定された学校として、佼成学園女子、昭和女子大附属昭和や、順天などもあり、入りやすくとも入ってからの内容面が充実している学校が多々あります。

　そういう〝注目はされない注目校〟として、ある雑誌で同アソシエイト校の啓明学園の名がトップにあがっていましたが、たとえばスーパーエコスクールという教育の理念を掲げて地の利を活かそうとしている大妻嵐山、アメリカのリベラルアーツ教育ともいうべきテキストを多読多聴させる試みをしている明星、アクティブ・ラーニングをていねいな指導にいかそうとしているかえつ有明など、筆者からすれば、私学教育の充実が目をみはる展開をしめしていて、大人気の三田国際学園や開智日本橋学園など耳目を引く学校ももちろんよいのですが、こうして静かに我が理念を追究する学校には、多様性という言葉がよく似合うように思います。

　なお、大妻中野の入試に導入されることで注目される英語入試は、これからも導入が増えていくかもしれません。山脇学園や駒込でも導入するようですし、これからは女子の中堅校での導入が増えていくことでしょう。これは、英語が得意であれば、他教科の準備をそれほどしてなくても入学できる入試として注目してよいと思います。

　ただ東京都市大付属や広尾学園のような特化した入試の場合は、卓越した英語力が求められますから、そこは注意したいところです。

　最後に少し、予測に即して言えば、この数年来の減少緩和の中学入試がここにきて増加傾向をしめしていますが、それは冒頭に述べたとおりで、集中して増加している学校の誕生と、それによって緩和する学校との両方を生みます。

　これらは人気の動向として注目もしなければなりませんが、ひとつの学校をみても人気の浮沈は大体3～4年で変わります。その意味ではもう少し長い目で学校を選んでおく必要があると思います。

　やはり基本はわが子の成長をうながし自立させてくれる学校ということになるでしょう。

日本の教育が変わるいま どのような学校を選ぶのか

　今後は、日本の学校は伝統的な教授法から、アメリカの小・中・高・大で行われているアクティブ・ラーニングの指導法に変わっていくことでしょう。

　これはじつに大きな変化ですし、授業が参加型、協同型になることは、本人の主体的能動的な授業参加なくしてはそもそも成り立ちません。

　しかし、こうした変化は小学校や大学ではできても、中学高校ではやりづらかったのも事実です。

　それはなんといっても大学入試という関門があるかぎりむずかしかったといえます。

　これは文科省の高大接続システム改革会議によって、どこまで大学入試が変われるのか、ということとの相関ということでもあります。

　しかし、大学の指導が変わり、世間もそれを望んでいる。中高の先生もそうしたいと努力している。ということも事実なので、これからさきの中高、とりわけその先頭を走る中高一貫校の授業は大きく変わるはずです。その意味で、これからの学校選択は、それをどう考えていくか、というのが大きなポイントになるでしょう。

　もちろん、アクティブ・ラーニングといってもさまざまなかたちがあります。かたちばかりアクティブでも内実がともなわないものもあるでしょう。そこをしっかり選ぶことが大切なポイントだと思います。

Wings and Compass

未来に翔く翼とコンパス

第５回	10月　3日（土）	14:00～16:00
第６回	10月25日（日）	10:00～12:00
第７回	11月15日（日）	10:00～12:00
第８回	12月12日（土）	14:00～16:00
入試対策会	12月23日（水・祝）	9:00～12:00
最終説明会	1月16日（土）	14:00～16:00

● すべて予約制です。
● 本校 Web　http://www.sakuragaoka.ac.jp/ よりお申し込みください。

■ 上履きは必要ありません。　■ 車での来校はご遠慮ください。

桜丘中学・高等学校　共通行事　● 予約は不要です。
桜華祭　9/27(日)9:00～15:00 本校

桜丘中学校

〒114-8554 東京都北区滝野川1-51-12　tel：03-3910-6161
http://www.sakuragaoka.ac.jp/
mail：info@sakuragaoka.ac.jp
@sakuragaokajshs
http://www.facebook.com/sakuragaokajshs

・JR京浜東北線・東京メトロ南北線「王子」下車徒歩7～8分
・都営地下鉄三田線「西巣鴨」下車徒歩8分
・都電荒川線「滝野川一丁目」下車徒歩1分
・「池袋」駅から都バス10分「滝野川二丁目」下車徒歩2分
・北区コミュニティバス「飛鳥山公園」下車徒歩5分

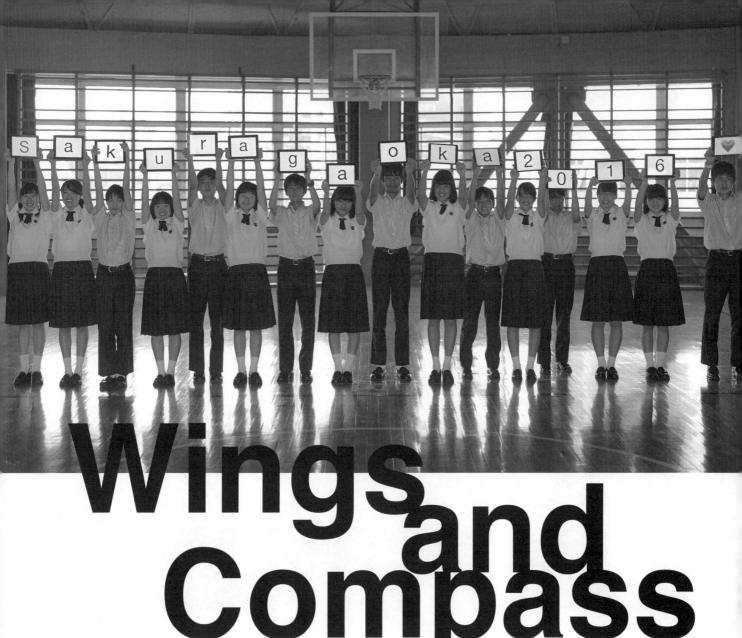

平成28年度入試
医学クラス新設

君たちは一輪一輪の花である。

New Beginning!

学校説明会 予約不要

9 / 11（金）19:00～
10 / 24（土）10:40～
12 / 5（土）10:40～
12 / 25（金）10:40～

入試問題学習会 要予約

■ 入試リハーサルテスト
11 / 21（土）10:00～
■ 入試問題分析会
12 / 12（土）10:00～

Junior High School　　Senior High School

体育祭 会場：さとえ学園小学校

9 / 20（日）9:30～15:30

文化祭

10 / 10（土）9:30～15:30
10 / 11（日）9:30～15:30

SAKAE 2016

埼玉栄中学校

〒331-0047 埼玉県さいたま市西区指扇3838番地
TEL:048-621-2121　FAX:048-621-2123
JR西大宮駅より徒歩3分

生徒一人ひとりに光が当たる
OTSUMA JUNIOR & SENIOR HIGH SCHOOL

開智未来中学・高等学校

開校5年目

高校入学2期生が卒業

東京大学はじめ現役国公立合格率30%超は埼玉県TOPレベル！

高入生に続け！中高一貫1期生は29年3月卒業

開校5年目を迎えた本校は今春高校入学2期生が卒業しました。72名の在籍ながら東京大学（文Ⅲ）・筑波大学（医）をはじめ現役国公立合格率33%と、合格率では埼玉県のTOPレベルに躍進しました。

中高一貫の1期生は現在高校2年生で、大学模試などの結果からさらなる躍進が期待できます。

ハイクオリティーで世界水準の学びを実践

開智未来は、これまで開智学園が積み上げてきた教育成果の上に、さらに「知性と人間を追究する進化系教育開発校」として、新しい教育実践を開発し、その成果を発信して社会に貢献する学校を目指します。

ハイクオリティーな教育の開発として、校長自らが6年間指導に当たる哲学の授業、中1の里山フィールドワークや中3の琵琶湖湖沼フィールドワークなどの環境未来学、未来型知性を育成するICT教育、コミュニケーション型知性を育む学び合い、東大ゼミなど知性を磨く早朝ゼミなどを実践しています。

また、グローバリゼーションをキーワードに、中2のブリティッシュヒルズ英語合宿、高2のワシントンフィールドワーク、希望者によるカリフォルニア大バークレー校へのリーダー養成研修、オーストラリアやニュージーランドへの海外教育研修など、豊富な海外経験を通じ、「国際社会に貢献するリーダー」を育てます。

さらに英語速読講座、飛躍プログラム、英検対策などを該当学年や希望者に実施し、学校全体で「英語力アップ」に努めます。

「長野県飯山での里山フィールドワーク」

3つのコースで1人1人をていねいに伸ばす

「T未来・未来クラス」は、より質の高い集団でより質の高い授業を行い、一人一人の能力をさらに伸ばすことを目的としたクラスです。東大を始めとする旧

- **学校説明会**　10月24日(土)
  9:00～　授業見学　10:00～11:45　学校説明と小学生サプリ
- **体験授業**　9月23日(祝)
  9:30～12:00　選択授業２コマと小学生親子サプリ(要予約)
- **入試対策サプリ**　11月23日(祝)・12月20日(日)
  9:30～12:00　国算演習と４教科アドバイス
- **未来型入試対策サプリ**　12月 5日(土)
  9:30～12:00　未来型入試の演習と解説

帝大、早慶等、最難関大学進学を目指します。

「開智クラス」は、開智未来の充実した教育により一人一人の実力を確実に、ていねいに育てるクラスです。国公立大学、難関私大進学を目指します。また、学年ごとにクラスの入れ替えを行い、開智クラスで入学した生徒も高校1年次で学年のトップレベルの学力まで伸びた生徒もいます。

6つの授業姿勢を身体化する

6つの授業姿勢とは、①授業のねらいを確認する、②主体的にメモを取る、③授業に参加する・反応する、④明瞭な発声・発言・発表をする、⑤意欲的に質問する、⑥学習したことを振り返る、です。

「関根校長自ら行う哲学の授業」

開智未来では「ねらい、メモ、反応、発表、質問、振り返る」を暗唱して全員がすべての授業で生徒が意識して学び、教員が意識して授業を行っています。

また、生徒が伸びるためには「教わる」「自ら学ぶ」「学び合う」の3つの学びをバランスよく行うことが大切です。そこで、授業の中に「自ら学ぶ（思考させる）」と「学び合い」を適度に、適切に取り入れます。

関根校長の哲学の授業

開智未来では、関根校長自らが週1時間、「哲学」の授業を行っています。

哲学は開智未来の教育の支柱となるよう、各教科の学習や行事などさまざまな教育活動と連動し、学びを統合化します。人間の生き方、価値、社会の課題等を幅広く扱い、開智未来が掲げている「貢献教育」の柱となります。

「人間が育つから学力が伸びる、学力が伸びるから人間が育つ」というサプリの考えに基づき、6年間を通して、「学びのスキル」や「人のために学ぶ志」を育てます。

校長は東京大学で教育哲学を学び、公立高校教員となり51歳で校長の職を辞して開智高等学校校長を2年間務めた後、開智未来中学・高等学校の校長となりました。

毎回の説明会で実施している「小学生サプリ」を体験し、「開智未来で校長先生の哲学を勉強したい！」という小学生も多くいます。

朝の学びは開智未来の文化

開智未来の生徒たちは自主的によく学びます。特に朝の始業1時間前には多くの生徒が登校しそれぞれ朝学習を始めます。

大教室の「アカデメイア」では関根校長と机をともに朝から独習する生徒たちが毎日100名以上集います。ルールは一つ、物音を一切出さないことです。

また校内にはオープンスペースの職員室があり、わからないことは気軽に先生に質問できます。廊下や玄関にも机があり、友達同士机を並べて学習する生徒たちや、「学び合い」をする生徒たちが集まります。

さらに、中学3年生と2年生の希望者が集う「東大ゼミ」・高校1年生対象でアメリカの世界史の教科書を英語で学ぶ「未来ゼミ」・苦手科目を克服するための「飛躍プログラム」などを関根校長と教科や学年が連携して実施し、「開智未来の朝」が始まります。

開智未来の説明会は小学生目線

開智未来では、「育てる生徒募集」という取り組みを行っています。入学前の説明会から「メモの取り方」や、「頭のよくなる勉強法」などを校長自ら「サプリ講座」として行います。今年も「小学生サプリ」・「親子サプリ」・「受験生の親サプリ」等を説明会参加者に体験していただきました。今後もすべての説明会行事で、その時期にふさわしい内容を準備しています。

「伸びたい生徒、伸ばしたい教員、伸びてほしいと願っている保護者の気持ちが1つになった学校」それが開智未来のスローガンです。

開智日本橋学園中学校【共学】

6年あるから夢じゃない!! ハーバード、ケンブリッジ、MIT、東大、京大、早慶…

今春4月に共学化し、校名変更した開智日本橋学園中学校は、昨年度、受験生が激増した学校のひとつとして、また新しい教育を行う学校として今後を注目されている中高一貫校です。そこで開智日本橋学園の魅力について、宗像諭副校長（前広尾学園教務本部長）に伺いました。

創造力・発信力を持ったグローバルな人材を育成する6年一貫のクラス編成

今春4月に、1期生として期待の新1年生、男子65名、女子70名、合計135名が入学した開智日本橋学園中学校。学習歴や学習の目的別に分かれたクラス編成について、詳しくお話を伺いました。

「中1から高1までの4年間は、4つのクラスを設定します。まずグローバルリーディングクラスは、帰国子女や英語力の特に高い生徒が、海外のトップレベルの大学を目指します。日本の学びに加え、中1から高1までは国際的に著名な中等教育プログラムを、高2・高3は国際的に著名な大学進学プログラムで学び、SAT（アメリカ大学進学適正試験）に対応した特別講座を行います。

新設のデュアルランゲージクラスでは、小学校の授業での英語経験程度しかない生徒が、英語に最も力を入れた学習を行い、国内・海外の大学進学を目指します。

リーディングクラスは、中学受験の勉強をしっかりしてきた生徒のためのクラスで、日本のトップレベルの大学を目指し、探究型・協働型の授業としっかりとした知識と学力を定着させるため、習得型の授業、反復型の学びを行います。

アドバンスドクラスは、ある程度の中学受験の勉強をしてきた生徒のクラスで、日本の難関大学を目指し、探究型・協働型の授業とともに、基礎から発展レベルの内容まで、しっかりとした知識と学力を確実に身につけるために、習得型の授業、反復型・繰り返しの学びを行います」と各クラスのご説明を頂きました。

また、「高2、高3は大学進学を視野に入れ、国際的に著名な教育プログラムの国際クラス、国立理系クラス、医学部クラス、国立文系クラス、私大文理クラスと5クラス制で難関大学進学を目指します」と付け加えて頂きました。

《学校説明会・行事日程》

	日程	時間
学校説明会	9/12(土)	14:00～※
	9/26(土)	10:00～
	10/24(土)	10:00～ 14:00～※
	11/6(金)	18:00～
	11/22(日)	10:00～※
	12/5(土)	10:00～
	12/20(日)	10:00～
文化祭（女学館祭）	10/10(土)	10:00～
	10/11(日)	

※は授業体験会あり

《入試日程》

日程	時間	試験科目
2/1(月)	AM	2科4科選択
2/1(月)	AM	適性検査Ⅰ･Ⅱ
2/1(月)	PM	特待4科(国算社理)
2/1(月)	PM	適性検査Ⅰ･Ⅱ
2/2(火)	PM	2科4科選択
2/3(水)	PM	国算+英理社から1科目
2/4(木)	AM	国算+英理社から1科目

グローバル化に対応した使える英語教育

開智日本橋学園の特徴に世界標準を目指した英語教育があります。宗像副校長は、「使える英語をモットーにネイティブの教師5名と日本人教師が中心となって英語の授業を中1から週8時間行うだけでなく、他の教科と連携し、すべての教科で毎回の授業で関連する英単語をふたつ程度学びます。また講習や英語の朝読書などを含め、卒業までの6年間に2500時間以上英語の学習を行い、全員が英検2級以上、グローバルリーディングクラスでは1級合格を目指し、グローバル化に対応したオールマイティな英語力を育てます」と話して頂きました。

最高の教師陣

「中1の担当教師陣は実力派が揃っています。東大出身で、開智で10年以上の指導歴を持つ社会科の1学年主任。国語は早稲田大卒で開智での探究型国語の第一人者。数学は名古屋大学大学院を修了し、開智で中1から大学受験生まで幅広い指導力を持った教師。英語は上智大に留学しバージニア大を卒業したネイティブスピーカー。理科は大阪大学の博士号を持つ教師など、魅力的な教師陣です。全員が、開智日本橋学園を日本一の探究型・創造型教育を実践する学校にすると、意欲に満ちています」と力強く語って頂きました。

予備校を越える進学指導で世界や日本の難関大学へ

「学校のみの授業と講習、大学進学講座で、世界の大学、東大他、日本の難関大学へ合格できる進学教育を導入します。すでに兄弟校の開智中学では、東大や国立医学部をはじめとした難関大学に進学実績があります。1期生から今春卒の13期生までの東大現役合格者全員が、予備校に通わず学校だけの学びで合格しているという素晴らしい実績を上げています。

本校では中1から高1までに高校2年生の学習を、授業と夏期講習、冬期講習、春期講習と放課後の補習で習得させ、基礎学力をしっかりと定着させます。高2、高3の2年間は大学進学に向けた勉強を徹底し、高3の学習とそれまでの学習の総まとめを行います。授業とは別にアメリカの大

学進学希望者のためのSAT（アメリカ大学進学適性試験）対策も含め、日本の難関大学向けの志望校対策講座を高3では放課後2時間から3時間行います。学校内で大学受験対策をすべて完結できます。予備校以上の質の高い内容です」と5年後の計画を披露して頂きました。

開智日本橋学園の入試の特色

入試の特色についてもお話を伺いました。「2月1日午前に実施する第一回入試では、本校への入学を強く希望し、2月4日までに手続きを完了する受験者には大幅な優遇措置を行います。2月1日午後の第二回入試では、受験生の3人に1人を特待生合格にします。なお本校では、帰国生入試を含めすべての回を2万円で受験することができます。

本校の入試の特徴のひとつに、公立中高一貫校との併願者向けの適性検査型入試があります。2月1日午前・午後の2回行い、受験料は2回受けても5000円です。

2月2日午後の第三回入試は、2科4科の選択制。2月3日午後と2月4日午前に行う第四回入試、第五回入試は、得意の教科で合格する総合型入試。この入試は国語、算数に加え、社会、理科、英語どれか1教科を選択して受験する3教科入試です。3教科の合計点で合否を決めるだけでなく、どれか1教科の試験が非常に高得点の受験生も合格するという、1教科型入試も加味しています」と教えて頂きました。

これからの躍進と、新しい「学び」、今後がとても楽しみな学校です。

開智日本橋学園中学校

〒103-8384　東京都中央区日本橋馬喰町２－７－６
TEL　03-3662-2507
http://www.kng.ed.jp

＜アクセス＞
JR総武線・都営浅草線「浅草橋駅」徒歩3分
JR総武快速線「馬喰町駅」徒歩5分
都営新宿線「馬喰横山駅」徒歩7分

互いの価値観を尊重し
一人ひとりの個性と自主性が
発揮される校風
VERITAS
学校説明会
9/12(土) 6年生対象 10:30～12:00
5年生以下対象 14:00～15:30
10/14(水) 6年生対象 10:30～12:00
10/15(木) 5年生以下対象 10:30～12:00
11/21(土) 6年生対象 10:30～12:00
5年生以下対象 14:00～15:30
文化祭［吉祥祭］
9/19(土)・20(日) 入試相談コーナー設置
入試問題説明会
12/ 6 (日) 6年生対象 10:30～12:00
14:00～15:30
※午前・午後とも同じ内容です。
※平成27年度第1回(2月1日実施)の入試問題の解説を行います。
問題は9月以降の学校説明会で配布します。
●平成28年度入試概要
第1回 第2回 第3回
募集人員 114名 90名 30名
試験日 2/1(月) 2/2(火) 2/4(木)
試験科目 国語・算数・社会・理科
吉祥女子中学校
http://www.kichijo-joshi.ed.jp
〒180-0002 東京都武蔵野市吉祥寺東町4-12-20 TEL:0422(22)8117
■JR中央線・総武線・地下鉄東西線直通 西荻窪 下車、徒歩8分 ■西武新宿線 上石神井から「西荻窪駅」行きバスにて15分 地蔵坂上バス停下車、徒歩8分

柏市　千葉　共学校

二松學舍大学附属柏中学校

Nishogakusha University Junior High School

『伝統と革新』未来を拓《ひら》く学舎《まなびや》がここに

二松學舍138年の歴史に、新たな１ページを刻んだ附属柏中学校の開校。質の高い教育を展開し、注目を集めています。2015年４月グローバルコースを開設し、充実の３コース制となりました。

温《おん》故《こ》創《そう》新《しん》
～世の中の役に立つ人材の輩出

二松學舎の歴史をひもとくと、日本近代文学の父と言われる「夏目漱石」、明治の思想家「中江兆民」、内閣総理大臣になった政治家「犬養毅」、女性解放運動家「平塚雷鳥」など、そうそうたる文化人たちがこの学舎に集いました。

建学の精神である「一世に有用なる人物（社会のために貢献できる人物）を養成する」ことを目指し、伝統を守り大切にしながら、常に革新を続けています。「温故創新」とは、中学校開校にあたり、二松學舍の信念を力強く表した言葉なのです。

『論語』とタブレット
～人間教育は「論語」を柱に

「己を修め、人を治め」。二松學舍大学附属柏の人間教育の根幹として、中学校から「論語」教育を行います。「論語」は、今から２５００年も前に中国で著された書物ですが、今日においてもなお多くの人々を惹《ひ》きつけています。それは時代を超え、国を超え、普遍的な人間の生き方、心について、真摯《しんし》に追究しているからではないでしょうか。

二松學舍大学附属柏では、「論語は生徒の生きる力、人間力を高める最良の素材」という考えの下、オリジナルテキストを用い、６年間かけて学びます。

また、今年度より全員にタブレットを持たせます。

タブレットの導入目的

◆グローバルな時代を見据え、教育目標の「社会への関心を高め、豊かな国際性を身につける」を目指す。

◆時代のニーズであるICT（Information Communication Technology：情報通信技術）による「自問自答」で、力を発揮できる人材の育成。

具体的な利用法・メリット

★授業
- 板書によるタイムロスの軽減
- 実験時のデータ処理、動画での手順の確認
- 授業内容のまとめをデータ化・配布
- 生徒個人の興味に合わせた教材利用
- ライブラリー

★学校生活
- スケジュール・目標の管理
- 校外学習における調査、資料・データの活用
- 連絡事項・課題の共有
- 多様なコミュニケーションの場の設定
- 進路の手引き

学校説明会

10月 3日(土)	14:00～15:30
10月17日(土)	14:00～15:30
11月23日(祝)	9:30～11:00
11月29日(日)	9:30～11:00

第一志望入試説明会

10月31日(土)	14:00～15:30

思考力検査型入試説明会

11月 7日(土)	9:30～11:00

松陵祭(学園祭)

9月12日(土)	10:00～15:30
9月13日(日)	10:00～14:30

授業公開＆ミニ説明会

9月24日(木)	9:30～11:30

個別相談会

11月 2日(月)	18:00～20:00	クレストホテル柏
12月 5日(土)	9:30～11:30	
12月24日(木)	13:00～17:00	柏そごう
1月 9日(土)	9:30～11:30	

School Data

二松学舎大学附属柏中学校

■所在地／千葉県柏市大井2590

■アクセス／柏駅・新柏駅・我孫子駅からスクールバス 北総線ルート（印旛日本医大→印西牧の原→千葉ニュータウン→小室→学校）も運行

■TEL／04-7191-3179

■URL／http://www.nishogakusha-kashiwa.ed.jp/

2015年「グローバルコース」始まる

「特選」と「選抜」に加え、2015年度より「グローバルコース」がスタートし、3つのコース制となりました。「グローバルコース」では世界の現状に対する理解や価値観に対する適応力を、各教科を通じて学びます。それぞれのコースでは個を尊重し、一人ひとりの学びを深めていきます。

●きめ細かな学習サポート

毎日8時15分から25分間、授業の前に『モーニングレッスン』（英語・数学・論語）を行います。教員手作りの英語・数学の確認ドリル・小テストが実施され、合格ラインに達しない場合は、追試、補習を行います。

また、家庭学習の習慣・継続化、主体的に学習に取り組む姿勢の確立のために、『365《さんろくご》ノート』を取り入れています。自らがその日に必要な課題を考え、1日1ページ以上家庭学習を行います。

自問自答を深める 多彩な体験教室

二松學舎大学附属柏では、いろいろな体験教室を通じて「自然環境・社会環境・国際情勢」を考え、自然との共生、集団生活の基礎、日本の文化や風俗習慣などを学びます。体験に裏付けされた「知恵」と幅広い「視野」を身につけ、「自問自答」の力を養います。3年間の集大成として「研究論文　自問自答」を完成させます。

◆雪の教室

福島県で3泊4日のスキー研修を実施します。講習はスキー経験の度合いに応じて実施しますので、初心者でも安心です。

◆沼の教室

施設見学や大学教授による特別講義で、学校近隣にある手賀沼の生態系や水についての理解を深めます。

◆田んぼの教室

中2で田植えから稲刈りまでを体験します。

◆都市の教室

首都・国際都市東京の歴史や文化、政治や経済、環境について考えます。博物館見学や歌舞伎鑑賞を行い、スカイツリー開業日に展望台にも上がりました。

◆古都の教室

中2で京都・奈良を訪れます。

◆海外研修旅行

中3で海外へ研修旅行に行きます。

恵まれた教育環境

春には敷地内の101本の桜が満開になり、グラウンドは東京ドーム約3個分の広さがあり、体育館はバレーボールコートが6面取れる広さを誇り、冷暖房完備で、式典や文化祭にも利用されます。

平成28年度 中学入試日程

日程(募集人数)	区分	試験科目	備考
第一志望入試(約25名) 12月1日(火)午前	選抜コース	算数＋表現力検査型※	・帰国子女生を含む ・算数は基本問題
一般入試 第1回(約15名) 1月20日(水)午前	選抜コース	2科・4科いずれか選択	・帰国子女生を含む ・基本問題
一般入試 第2回(約30名) 1月20日(水)午後	グローバルコース 特選コース	2科・4科いずれか選択	・帰国子女生を含む ・他コースへのスライド合格あり ・特待生選考含む
一般入試 第3回(約10名) 1月22日(金)午前	選抜コース	2科・4科いずれか選択	・帰国子女生を含む ・基本問題
一般入試 第4回(約20名) 1月24日(日)午前	グローバルコース 特選コース	思考力検査型　又は 2科・4科いずれか選択	・帰国子女生を含む ・他コースへのスライド合格あり ・特待生選考含む
一般入試 第5回(若干名) 2月4日(木)午後	グローバルコース 特選コース、選抜コース	算数＋表現力検査型※	・帰国子女生を含む ・3コース共通問題

※作文＋自己アピール

試験日程、試験科目等の変更があります

12/1（第一志望）は、算数と「表現力検査型」（作文と自己PRを含む面接）入試です。1月入試では、「グローバルコース／特選コース」と「選抜コース」の試験問題を別にし、「選抜コース」は基本問題です。どちらも2科または4科から選択できます。また、1/24の試験では、2科4科に加えて「思考力検査型」入試から選ぶことができます。

You are the light of the world.
You are the salt of the earth.
あなたは世の光です。
あなたは地の塩です。
マタイ5章13節～15節

そのままのあなたがすばらしい

入試説明会

［本学院］※申込不要

10.11（日）
14：00～15：30
終了後 校内見学（～16：00）

11.21（土）
10：00～11：30
終了後 校内見学・授業参観（～12：00）

公開行事

［本学院］※申込不要

［親睦会（バザー）］
11.15（日）9：30～15：00
生徒による光塩質問コーナーあり

校内見学会

［本学院］※申込必要

9.26（土） **10.31**（土）

1. 9（土）
＊6年生対象

1.23（土）
＊6年生対象

2.20（土） 全日程 10：30～12：00
＊5年生以下対象

授業見学、ミニ説明会、学校紹介 DVD 上映。
回によって体験授業もあります。
詳細はその都度 HP をご確認ください。

【申込方法】
電話で「希望日」「氏名」「参加人数」をお知らせください。

過去問説明会

［本学院］※申込必要

12. 5（土）
● 6年生対象
14：00～16：00（申込締切 11/25）

【申込方法】
ハガキに「過去問説明会参加希望」「受験生氏名（ふりがな付）」「学年」「住所」「電話番号」、保護者も出席の場合は「保護者参加人数」を記入し、光塩女子学院広報係宛にお送りください。後日受講票をお送りいたします。

2016 年度入試要項（予定）

	第1回	第2回	第3回
受験型	総合型	4科型	4科型
募集人員	約15名	約50名	約25名
試験日	2月1日(月)	2月2日(火)	2月3日(水)
入試科目	総合 国語・算数	4科/面接	4科/面接
合格発表	2月1日(月)	2月2日(火)	2月3日(水)

2016年度より入試日程等に
変更がありますのでご注意下さい。

光塩女子学院中等科

〒166-0003 東京都杉並区高円寺南2-33-28 tel.03-3315-1911（代表） http://www.koen-ejh.ed.jp/
交通…JR「高円寺駅」下車南口徒歩12分／東京メトロ丸の内線「東高円寺駅」下車徒歩7分／「新高円寺駅」下車徒歩10分

第2回『東北復興Studyツアー』

富《ふ》士《じ》見《み》中学校

「復興って何だろう？」生徒たちが自ら企画したこのツアー。
同世代と話し合うことで、今まで知らなかった自分を見つけます。

2014年『東北復興Ｓｔｕｄｙツアー』の報告

昨年の8月18日・19日（1泊2日）に「東北復興Ｓｔｕｄｙツアー」を開催しました。参加者は中2から高3までの25名です。一昨年までは学校主催の「東北ボランティアツアー」として開催されてきましたが、3年目の今回から初めて生徒会が主体となってすべての行程を企画しました。その2日間の様子をお伝えします。

〈1日目〉

始めのワークショップ

岩手県陸前高田市広田町到着後、広田町の支援を行う団体「ＳＥＴ」から活動内容や広田町の現状を聞き、ワークショップを行いました。

「くぎこ屋」による現地視察

次に、「陸前高田被災地語り部 くぎこ屋」の釘子明さんによるお話と陸前高田市内の視察。改めて津波の恐ろしさを知り、防災意識の重要性を強く感じました。

「底上げ」による講演

宮城県気仙沼市に移動し、ＮＰＯ「底上げ」のお話を聞きました。特に地元の高校生団体への支援の話が印象に残りました。

仮設復興商店街

気仙沼市の仮設復興商店街で夕食。食堂で地元の方々との交流もできました。

〈2日目〉

広田町での農業体験

5グループに分かれ、広田町のお母さんたちの家庭で農業体験後、近くの公民館に収穫した野菜を持ちより一緒に料理。お母さんたちと沢山お話しすることができ、料理もとても美味しくいただきました。

まとめのワークショップ

・ツアーで一番印象に残った事、そこから得た学びは何か？
・帰って行う最初の行動は何か？
・その行動が出来た時に誰に伝えたいか？

ツアーレポートより

昨年実施のツアーテーマは、「**復興ってなんだろう?~今、一歩をふみだそう~**」です。参加した生徒それぞれが貴重な体験をし、何かを感じたのではないでしょうか。次にご紹介するのは、昨年のツアーに参加した中学2年生の、ツアーレポート（一部省略）です。

「今回のツアーで一番印象に残ったのは、釘子さんのお話の最後でお

ボランティアに行ってきました！
in 陸前高田
先生：9名
任意の生徒：73名
高校1年：38名

っしゃった『悲しみはここにおいていってください』という言葉でした。ツアーで見聞きしたことを学校の友人に伝えようと思っていたので、この言葉は、とても意外でした。釘子さんは私達に悲しみを伝えたいのではなく、それよりも被災地のこれから先のことを考えてほしいと言うことでした。

釘子さんは以前に津波を経験したことがあったので、地震が発生した時にすぐに高台に非難し助かったとのことです。また、農家のおばあちゃんの話では、今回被害の大きかった海沿いの住宅地は、以前の地震で津波の被害に遭い、危険な地域と認識されていたのに、津波の被害を知らない人達がどんどん住みはじめていったそうです。お二人のお話に共通しているのは、過去に経験したことを教訓として忘れずに活かさなければならないということだと思いました。

私は、被災地の皆さんが復興に向けて、懸命に頑張っていることと、過去の経験を教訓とすることを友達に伝えたいと思います。」

２０１５年『第２回東北復興Ｓｔｕｄｙツアー』の概要

今年（２０１５年）で4年目になるこのツアー。昨年からは現地ＮＰＯと協力して生徒会総務主体のもとで計画・実施されています。今回も生徒会総務主体のもと、公募で集まった6人のツアーリーダーと共に「風化されていく被災地を知り、考え、伝えていく」をテーマに、２０１５年8月17日・18日に実施されます。被災地の復興を願い先輩たちが自ら立ち上げたこのツアー。その先輩たちの思いを今年も後輩たちがしっかりと引き継いで実施します。

富士見中学高等学校では、東北で起きたこの未曾有の大震災を風化させることなく、これから先何年にも渡り、この復興Ｓｔｕｄｙツアーが後輩たちに引き継がれて行くことでしょう。今年もこの雑誌が発行される頃に、先輩たちと同じような体験をし、何かを感じ取った生徒が何人も増えているはずです。

新校舎での授業が始まります！

富士見中学高等学校は、２０２０年4月に創立80周年を迎えます。その記念事業の一環として行われていた中学・高校校舎の建て替え工事が終わり、2学期から新校舎での授業が始まります。そして２０１７年には4つの理科実験室を含む特別校舎棟、２０１８年度には2層の図書館棟が竣工します。

全教室にはプロジェクター、そして全館無線ＬＡＮが完備されＩＣＴ教育に向けた環境が整います。また、エントランスホールにある幅７メートルの大階段はベンチとしても利用でき、対面の壁には２００インチのスクリーンが設置されます。その他、人工芝の校庭など施設設備は大変充実した校舎となります。

２０１６年度に入学される皆さんは、この新しい校舎を存分に使用して頂けますので、ぜひ一度、富士見を見学に来て頂ければ幸いです。

◆学校説明会【全学年対象】
10/17(土)・11/7(土)・12/5(土)・1/16(土)
各回：10：30～
◆学校説明会【小５以下対象】
10/24(土)・11/21(土)　各回：10：30～
◆生徒による学校紹介【全学年対象】
10/3(土)・11/14(土)　各回：13：40～

富士見中学高等学校
所在地　東京都練馬区中村北4-8-26
TEL. 03-3999-2136　**FAX.** 03-3999-2129
URL http://www.fujimi.ac.jp

※画像はイメージです。

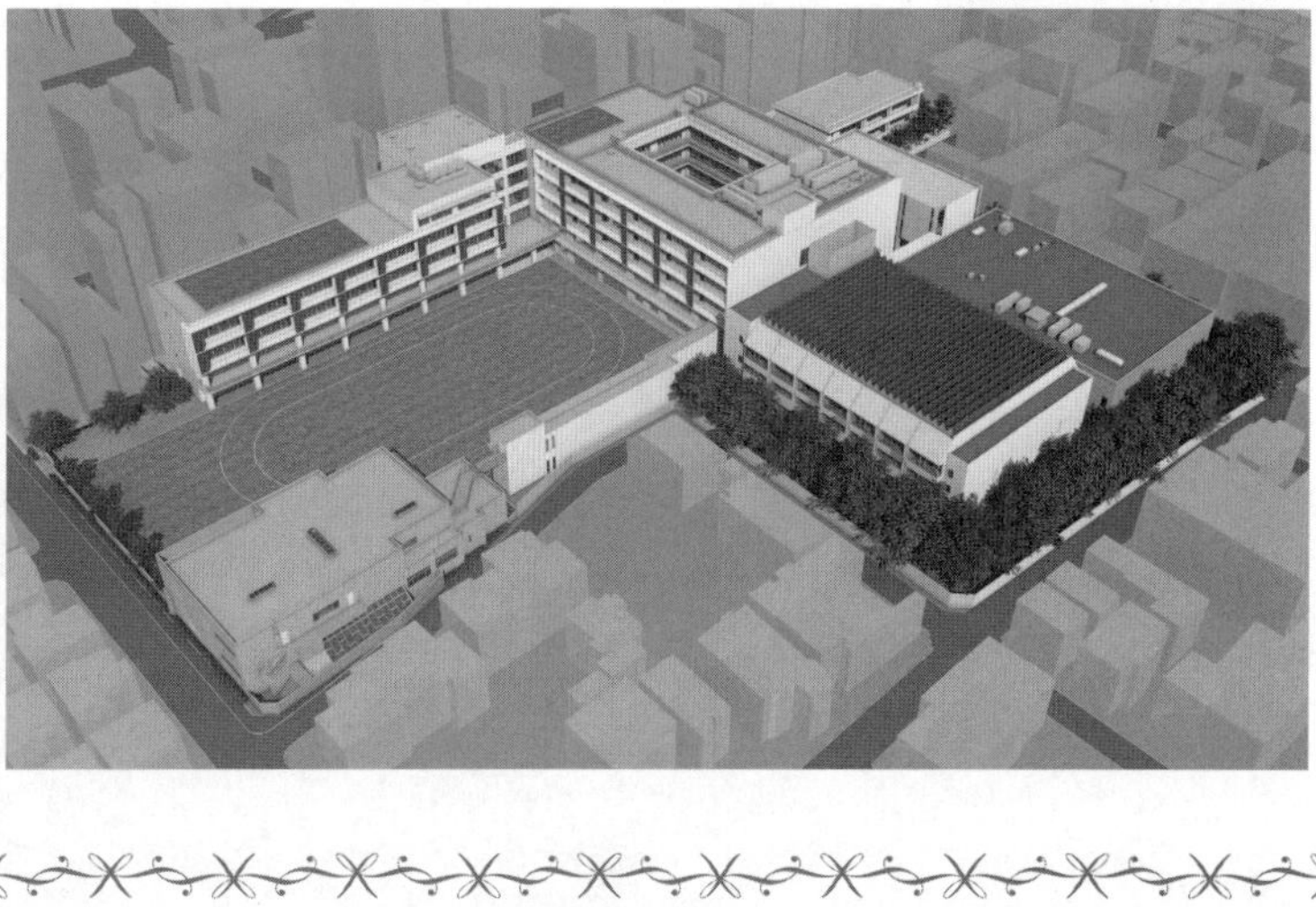

KOKA GAKUEN

JUNIOR & SENIOR HIGH SCHOOL FOR GIRLS

一人ひとりをかけがえのない存在として

| 文化祭学校説明会 | 両日各１回 |

9月12日(土)　9月13日(日) 時間はＨＰで確認

| 学校説明会・入試説明会 |

10月25日(日)
- ●入試説明会［６年生向け］10:00～
- ●学校説明会［５年生以下向け］13:30～

11月28日(土)
- ●学校説明会［５年生以下向け］10:00～
- ●入試説明会［６年生向け］13:30～

| 学校見学会 | 要予約 | 10:00～11:30

9月26日(土)　10月10日(土)
11月 7日(土)　12月 5日(土)
1月 9日(土)

| 28年度入試結果報告会 | ５年生以下対象 |

2月28日(日)　13:00～

詳細はHPでご確認ください ▶ http://www.kokagakuen.ac.jp/

晃華学園中学校高等学校

〒182-8550　東京都調布市佐須町 5-28-1 | TEL. 042-482-8952 | http://www.kokagakuen.ac.jp/

●京王線『つつじヶ丘駅』北口より深大寺行きバス７分［晃華学園］下車→徒歩５分　●京王線『国領駅』・JR 中央線『武蔵境駅』よりスクールバスあり
●ＪＲ中央線『三鷹駅』／ＪＲ中央線・京王井の頭線『吉祥寺駅』／京王線『調布駅』よりそれぞれバス

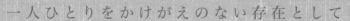

合格に向けて あと100日を こう過ごそう!

入試まで残り約100日という時期を迎えて、いよいよ入試を本格的に意識し始めているころではないでしょうか。これからできることはまだたくさんありますから、焦ってはいけません。志望校の合格に向けて、あと100日を有意義に過ごすための秘訣をご紹介します。

あと100日でできること

この時期は、入学試験まであと「100日」という大きな区切りの時期です。この100日＝3カ月という期間を、いかに効率よく、計画的に過ごせるかによって、入試結果が左右されるといっても過言ではありません。

これまでも志望校の合格に向けて、日々、勉強に励んできたと思いますが、入試までの日数を改めて数値でしめすことによって、より受験生としての自覚が芽生えてくるため、多くの進学塾でも、この時期になると「入試まであと○○日」という掲示物を貼ったりします。こうした掲示物には、まだこれだけの日数が残っているのだからがんばろう、という励ましの意味もこめられています。けっして残りの日数をカウントダウンして、受験生を焦らせようとしているのではないのです。

また、この時期は、ご家族のみなさんのサポートも重要になってきます。残りの日数が減ってくると、「あと100日しかない」と残された時間の少なさを強調してしまいがちですが、「まだ100日ある」とポジティブな考えを持つようにしてください。周囲の持つこうした前向きな姿勢が、受験生本人にもプラスとなり、「合格」に一歩ずつ近づいていきます。

精神面と健康面にも配慮を

入試に向けてのラストスパート期間としてとても重要な意味を持つ「100日」という期間は、けっして短い期間ではありません。1年のうちの4分の1を占めるのですから当然ですね。つまり、受験に向けて最終まとめをしていくにあたって、じゅうぶんな時間が残されていると言えるでしょう。

とはいうものの、受験には焦る気持ちがつきものです。焦ってはダメだとわかっていても、日数だけが経過していくことで焦る気持ちが募り、その状況でさらにプレッシャーを感じてしまう…という悪循環に陥る可能性も否めません。

そこでポイントとなってくるのが、あと100日を計画的に過ごすために事前にやることを整理しておくことに加えて、精神的な疲れを感じることなく勉強をつづけられるような雰囲気づくりを心がけることです。

あらかじめ計画を立てておけば、プレッシャーを感じることなく淡々と学習を積み重ねることができます。

そして、健康管理にも気を配り、万全な体調でその日を迎えられるようにしてください。体調を崩してしまって試験が受けられないということになっては、これまでの努力が水の泡となってしまいます。

受験は高い学力を身につけたからといって成功するとはかぎらず、いかに精神を安定させ、元気な身体で試験本番にのぞめるかが大切になってきます。保護者のかたにとっては「時間があるなら勉強しなさい」と言いたいところですが、心と身体を休める時間も、志望校合格には必要な時間なのです。

【学習編】

合格力をあと100日で高めよう

あと100日という期間の重要性はおわかりいただけたでしょうか。では、実際にどのようにして学力を伸ばしていくかを考えていきましょう。ほぼ100%の確率で、その日の学力試験の結果によって合否が決まるのが中学入試です。つまり、本番までに学力をいかに向上できるか、伸ばした力を本番でしっかり発揮できるか、が勝負となります。

そのために効率よい勉強法を実践しながら、得点力を培っていきましょう。そこでこの時期の勉強法としておすすめしたいのが、「これまで学習してきたことの総まとめ」と「入試実践力の向上」のふたつです。

この時期ともなると、ほとんどの分野についてひととおり学習はすませていることと思います。しかし、それぞれの学習内容が頭のなかできちんと整理できていないと、実際に問題に対峙したときに、その知識をうまく活用することができないということがあります。

このような場合、きちんと一連の学習を経てきているわけですから、いわゆる学力不足とは異なります。これまで学んできたことを整理し、「総まとめ」をしていけば、得点に結びついていきます。

また、入試では、総合的な学力を試されますから、それぞれの設問に関して、入試に対応できる実践的な学力を養うことも大切です。そうした「入試実践力」を伸ばすことで、本番に身につけた力を存分に発揮できるようになります。

効果的な学習のカギは過去問演習

効率よく「総まとめ」を行いつつ、「入試実践力」も養っていくために、過去に各学校で実施された入学試験問題（以下、過去問）の研究は欠かせません。

各校ごとに設問形式、解答方法、難易度などが大きく異なるのが中学入試の特徴です。同じレベルの学力があったとしても、入試当日に初めて問題に接した受験生と、過去問を研究し、出題傾向を熟知した受験生とでは、学力面でも精神面でも、大きな差があるはずです。

出題される内容に関する知識や解法などはきちんと身についているため、模擬試験などでは合格可能性80%以上という好成績がでているにもかかわらず、出題傾向に慣れていないため得点に結びつかず、過去問を解いた結果は合格最低点に遠くおよばない…ということもよくある話です。

ですから、合格を勝ち取るためには、志望校の過去問に一定年数ぶん取り組み、出題傾向に慣れておくことが必要になってくるのです。

過去問演習は、言い換えれば、合

格につながる答案を作成するテクニックを磨くこと、ともとらえられます。もちろん、小手先のテクニックという意味ではなく、各校の出題傾向に対応した解答力を身につけるという意味です。こうしたテクニックを取得することは、「合格力」の養成にもつながります。

「合格力」とは、現在の学力を基盤として、入試で必要な力、すなわち、志望校合格のために身につけなければならない力をさします。あまり聞き慣れない造語だと思いますが、このコーナーではそうした力を総合して「合格力」と呼ぶことにします。たとえば、過去問演習をつうじて入試実践力を身につけ、過去問演習後に復習をしながら学習の総まとめを行うことも「合格力」伸長に役立ちます。

本番までにまだ時間のあるあと100日という期間は、「合格力」を伸ばす絶好機です。保護者のみなさんをはじめ、ご家族が団結して協力し、受験生の「合格力」を伸ばしていきましょう。

過去問をどう入手するか

各校の過去問が何年ぶんか収録されたものが、問題集冊子として複数の出版社などから発売されています。これらは書店で直接入手したり、インターネットを利用して注文することが可能です。

なかには、出版社からそうした問題集冊子が発売されていない学校もあります。そうした場合は、学校説明会や学校の窓口などをつうじて手に入れることもできますので、各校に確認してみましょう。

しかし、解答・解説があらかじめついている出版社刊行の問題集冊子とは異なり、学校で頒布・配付されている冊子は解答・解説がついていない場合もありますので注意しましょう。

さて、過去問を何年ぶん解くかですが、一般的に市販されているものは3～5年ぶんの問題が載っていますので、載っているぶんの3～5年ぶんは解いておきたいところです。

もちろん、第1志望校だけではなく、併願校の過去問にも取り組んでください。

この時期にまだ受験する学校を定めていなかったとしても、受験を考えている学校の過去問は早めに手に入れておくにこしたことはありません。

過去問にトライしよう 知っておきたい 7つのポイント

ポイント1 時間を確保し計画的に実施しよう

過去問演習は基本的に各家庭で行いますので、取り組む際にまず気をつけなければならないのは、じゅうぶんな時間を確保することです。

たとえば、ある学校の試験時間が、国語・算数が各50分、社会・理科が各30分だったとすると、すべて解くには160分かかります。そして、各科目の間に休憩時間をとるとなると、3時間以上もかかります。さらに、過去問は解いて終わりではなく、解いたあとに復習やまとめを行うことこそが重要です。そのため、解答時間、休憩時間に加えて、事後学習の時間も考慮しなければなりません。

そうなると、比較的時間に余裕のある休日に演習をするとしても、1日に1校、多くてもせいぜい2校（または2年ぶん、2回ぶん）が限度でしょう。

ですから、どのように演習を進めていけば、取りこぼしなく過去問演習ができるのか、事前にしっかり計画を立てておくことが必要なのです。

ポイント2 本番を想定した状況で過去問演習にのぞもう

過去問を解く際は、解答時間をしっかり守りましょう。もう少し時間があれば解けるはずだから延長してしまおう…などという考えは禁物です。入試は、与えられた時間を有効活用して点数を重ねる力が問われます。時間をきちんと計測して、解き終えたときに時間が足りなかった場合は、制限時間内により得点を伸ばすにはどうしたらいいかを考えるようにもなります。

実際にどう時間を計測するかですが、受験生本人は入試会場で使用する予定の腕時計などを机のそばに置きながら時間配分を意識するようにしましょう。そして、大元の時間計測は保護者が担当してください。ストップウォッチやキッチンタイマーなど、ひと目で残り時間がわかりやすいものがいいでしょう。

また、実際の入試を意識して、なるべく本番に近い状況をつくりだすことも大切です。たとえば、休憩時間にテレビを見たり、ゲームをしたくなってしまうかもしれません。しかし、入試会場にはテレビもゲームもありませんし、せっかく緊張感をもって過去問に取り組んでいたとしても、それらのせいで緊張感が失われてしまいます。休憩時間も本番を想定して、同じような過ごし方をするように心がけましょう。トイレについても、問題を解いている最中に行かなくてもいいように、事前にすませておきましょう。

もうひとつ気をつけてほしいのが、解答用紙のサイズです。過去問が収録された市販の冊子では、多くの場合、実際のサイズよりも縮小されたものが載っています。

算数では途中式や図などを記入する問題が出題されますので、解答欄の広さによって、答えを書く内容にちがいがでてくることもあります。

国語の記述式解答も、字数指定がなく解答欄枠のみ指定される場合があります。そのとき、縮小されたサイズのままの解答用紙では、適切な文字量や文字の大きさを把握することができません。

このように解答用紙のサイズが解答に影響をおよぼすこともありますので、とくに記述式解答が多い学校の過去問に取り組む際は、解答用紙を実際のサイズに拡大コピーしてから使用するようにしましょう。

実際の入学試験を想定した時間の計測や解答用紙の準備も「合格力」を高めるためには必要不可欠ですので、忘れずに準備をしてください。

ポイント3 どの問題をまちがえたかに点数よりも注目しよう

実際の入試同様、厳格な採点をするためにも、過去問の採点は保護者のかたが担当してください。少しのミスだから今回はオマケで○にしよう、という優しさは、かえって受験生のためになりません。小さなミスでも本番では減点対象です。そのことを過去問演習の段階で学ぶことで、本番で小さなミスを防ぐことになります。

採点時に得点ばかりを気にしてはいけません。満点をめざしたいという気持ちはわかりますが、入試で満点は必要ないのです。

というのも、中学受験は正解率60〜65%程度で合格圏に到達できる場合がほとんどなのです。つまり、受験生の2〜3割しか正答していない「差がつく問題」という名の難問が解けなくても、「受験生の多くが正解している問題」に正解することができれば、じゅうぶん合格圏内に入ることができます。

ですから、採点時には、点数よりもどの問題をまちがえたか、という内容の方が大切になってきます。難問が解けていなくても、多くの受験生が正解している基礎・基本問題で得点できているかどうかを確認していきましょう。そして、効率よく「合格力」をつけていくためにも、基礎・基本問題の復習に力を入れて取り組んでいきましょう。

ポイント4 2段階採点を活用しよう

採点時にぜひみなさんに試していただきたいのが「2段階採点」という採点方法です。

まず1回目の採点は、さきほども説明したように、厳しく行ってください。このとき使用するのは赤色のペンです。

2回目の採点では、赤ペン以外の色ペン、たとえば緑色のペンなどを使用します。そして、ケアレスミスやささいな誤字など、小さなミスで減点となってしまったところを○にして採点してみます。

赤ペンでいつもどおりに採点をしたあとに「簡単なミスは減らしていこう」と注意しただけでは、なかなかミスの減少にはつながらないものです。緑色ペンを活用した2段階採点を取り入れることで、小さなミスがどれくらいあったのか、そこで失点していなければどれだけ得点できていたのかを具体的に知ることができます。そして、それらの事実が「つぎはミスしないように気をつけよう」という意識の芽生えにつながります。

2段階採点は、ミスをしないことの重要性をしめしつつ、受験生を励ましながら得点力をアップさせることのできるとても便利な採点方法なのです。

ポイント5 復習でさらに力を伸ばそう

1校ぶんの問題に取り組むだけでもすでに多くの時間が経過しているでしょうから、過去問の復習は短時間で行いましょう。解いた問題すべてをていねいに復習するのは時間的にむずかしいので、見直す箇所をしぼって、効果的に復習していくのがコツです。とくに見直すべきなのは、ケアレスミスが原因で失点した部分や、基礎・基本問題でまちがえた部分です。覚えておかなければならない重要事項をテキストで確認したり、その部分をマーカーでマークしたりと、簡単に行える復習方法がいいでしょう。1回の復習にこだわりすぎてしまうのは非効率ですので、あまりおすすめできません。

また、問題を解いてからかなりの時間が経ったあとでは、復習の効果が薄れてしまいますし、改めて問題を解き直す必要がでてくるかもしれません。受験に向けてかぎられた時間を有効に使うためにも、復習は問題を解いたあと、なるべく速やかに行いましょう。

ポイント6 復習ノートをつくってみよう

復習は短時間で速やかに、とお話ししましたが、基礎・基本部分でなかなか覚えられない問題がある場合や、必須事項のなかで見落としていたと思われる重要事項がある場合は「復習ノート」をつくるのも効果的です。この「復習ノート」を活用してまちがえやすい問題の対策をすることで、同様のミスを防止していきましょう。あまり時間をかけずに作成でき、かつ、見直しやすい「復習ノート」のつくり方としておすすめなのが、ノートを見開きで使用する以下のような方法です。

見開きの左ページには問題をコピーして貼りつけます。問題は書き写すのではなくコピーすることで、時間を短縮できます。右ページには解法と解答を記入します。これで問題、解法、解答がひと目でパッとわかるノートができあがります。

このノートのよいところは、右ページに透けない紙をおくことで、問題を解き直すことができる点です。自分がまちがえやすい問題だけが載った世界にひとつの問題集になるのです。

ポイント7 演習をモチベーションの向上につなげていこう

ご紹介した6つのポイントに留意しながら過去問演習に取り組んでいくことで、着実に得点は伸びていくことでしょう。

7つ目のポイントは、過去問演習をモチベーションのアップにつなげることです。小さなことであったとしても、過去問演習をつうじて感じる「復習ノートで解き直した問題が解けるようになった」「何年ぶんもの過去問に取り組んだ」などという達成感がつぎの学習への「やる気」につながります。この「やる気」も「合格力」として大切な一要素です。

また、過去問演習のための計画表をつくり、終わったものに傍線を引いて消していく、というのも、目に見えて達成感を味わえるのでおすすめです。

ときにはどうしても点数が気になって落ちこんでしまうこともあるでしょう。そんなときはご家族のみなさんが、点数はあまり気にせず、中身を重視した学習を意識するようアドバイスをしてください。そして、やる気がでるように受験生を励まし、盛り立てていってください。

【生活編】

早めの時期から朝型の生活を心がける

近年、午後入試を導入する学校も増えてきていますが、多くの学校は午前中に試験を実施しています。

そのため、本番に向けて、遅くと

も1カ月以上前から頭と身体を「朝型」に変えていきましょう。どの時期から朝型へ移行するかは個人差もあると思います。しかし、入試本番、そしてその1カ月前というのは寒さが厳しい季節で、朝起きるのがつらい時期でもあります。急激に生活を変えるのはむずかしいと思いますので、だいたい試験前1カ月を目安とし、余裕を持って生活リズムを改善していってください。可能であれば、秋ごろから徐々に就寝時間を早め、朝早く起きる習慣をつけるのもいいでしょう。

　生活を朝型に変える、というのは、ただたんに朝早く起きればいいというわけではありません。試験が始まる前までに頭がじゅうぶん働くように訓練することも大切です。20分～30分程度の短時間でできる、漢字の練習や計算問題、社会・理科の一問一答でいいので、朝起きてから頭を使う時間をつくりましょう。

　朝、なにをするかは前日にあらかじめ決めておくようにしましょう。朝早く起きたものの、なにを勉強しようかと悩んでいるうちに時間だけが過ぎてしまうのはもったいない話です。就寝前に翌朝の予定を確認しながら、朝に取り組もうと思っている教材を机のうえに用意しておけば、翌朝スムーズに勉強モードに切り替えることができます。

合格後の明るい未来を想像する

　これまで、あと100日という期間は、受験に向けてじゅうぶんな時間が残っているというお話をしてきました。お読みになったみなさんは、志望校合格のために、あと100日を有効活用して、全力でがんばっていこうと意気込んでいることと思います。

　しかし、残された期間が長いぶん、スランプに陥ってしまったり、不合格だったらどうしようとうしろ向きな気持ちを抱えてしまったり、なんとなくやる気がでなかったり、ということもあるでしょう。

　そんなときこそ、ご家族の出番です。ご家族のあたたかい言葉が受験生にとってはなによりの支えとなり、励ましとなります。勉強するのは受験生本人ですが、ご家族は受験生にとって最も信頼でき、頼ることのできるサポーターなのですから、さまざまなサポートが、想像以上に受験生の力となるのです。

　ですから、ご家族のみなさんは前向きな気持ちを持ちつづけてください。そして、「○○中学校に入ったらなにをしたい？」「いまがんばったぶん、楽しい中学校生活が待っているよ」などという明るい未来を想像できる前向きな会話をつうじて、受験生を励ましていってください。

　12歳という年齢で、合否結果がともなう受験に挑戦するのは酷な面もあるかもしれません。厳しい現実に直面することもあるでしょう。しかし、そうした受験の厳しさを感じているのは本人だけではありません。まわりの受験生も同じように感じています。

　なによりも、「受験に全力で取り組んだ」「不安や困難を乗り越えた」という受験期の思い出は、受験生にとってかならずよい経験として残ります。だからこそ、受験をしないという選択肢もあるなかで、あえて中学受験に挑戦する人が多くいるのです。

　「大変なこともあったけど、受験をしてよかった」と思えるよう、悔いのないように「あと100日」を過ごしてください。

　みなさんの想像する明るい未来が実現することを心よりお祈り申し上げます。

湘南から未来へ　～since1933～

グローバル社会を見すえた“湘南学園ESD”～ユネスコスクールの挑戦～

（Education for Sustainable Development＝持続可能な社会の担い手を育む教育）

本物の生きる力をみにつける
社会に生きる人々に学ぶ多彩な「総合学習」「グローバルプログラム」
志を立て、道を拓く
基礎学力を鍛える6年間の学習プログラム
一人ひとりが主人公
生徒が主役の「学校行事」「生徒会活動」
みんなの力でつくる
卒業生・保護者・地域も参画
2015年4月より
スーパーグローバル
ハイスクール・
アソシエイト校
に指定

■大学合格実績　**東大1名・京大1名！**（大学合格者総数500名※卒業生166名・浪人含む）

国公立	早慶上理	GMARCH	医学科
2014年 11名 → 2015年 26名	2014年 31名 → 2015年 37名	2014年 103名 → 2015年 112名	2014年 9名 → 2015年 22名

■2015年 説明会・行事日程

学校説明会（要HP予約）	9/19(土) 時間 9:30～12:20 「夏」の実践特集&ミニオープンキャンパス 申込受付期間 8/10～9/13	10/24(土) 時間 9:30～12:00 「学習・進学～中高6年間のステップアップ～」 申込受付期間 9/14～10/18
入試説明会（要HP予約）	11/18(水) 時間 9:30～12:00 必勝！入試情報編 申込受付期間 10/19～11/12	12/19(土) 時間 9:00～12:20 入試問題にチャレンジ！直前対策編 申込受付期間 11/13～12/13

冬の学校見学期間（要電話予約）	1/9(土)　1/12(火)～1/16(土)　1/23(土) 時間 ①10:00～（6年生） ②11:00～（5年生以下）
学園祭（予約不要 個別相談会あり）	10/3(土)　4(日) 場所 湘南学園キャンパス 時間 9:30～15:50

学校法人湘南学園

湘南学園中学校高等学校

〒251-8505　藤沢市鵠沼松が岡3-4-27

TEL.0466-23-6611（代表）　最寄駅　小田急江ノ島線　鵠沼海岸駅徒歩約8分

United Nations Educational, Scientific and Cultural Organization

Member of UNESCO Associated Schools

http://www.shogak.ac.jp/highschool/

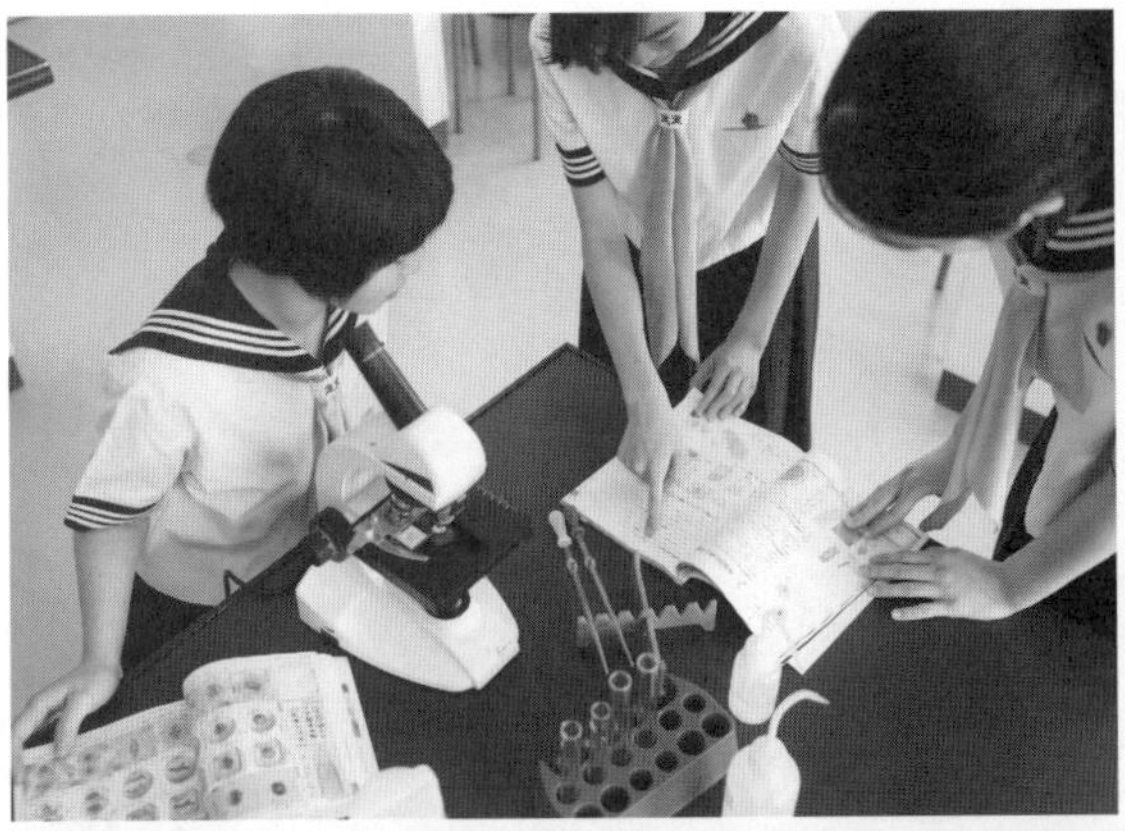

文部科学省　平成26年度

スーパーグローバルハイスクール指定校

SHOWA　NEXT

「SHOWA　NEXT」はグローバル社会で輝く女性になるための新しい中高一貫カリキュラム。

「本科コース」「グローバル留学コース」「スーパーサイエンスコース」の3つのコース設定で、

「得意」を伸ばしてあなたが輝く未来へ

学校説明会（説明会以外は予約制）
9 / 23 ㊗ 説明会・体験授業・体験クラブ
10 / 24 ㊏ 説明会
11 / 23 ㊗ 説明会・入試問題解説
12 / 20 ㊐ 説明会・体験授業・入試問題解説
1 / 9 ㊏ 説明会

公開行事
9 / 25 ㊎ 体育祭
10 / 29 ㊍ オープンスクール
11/14 ㊏ 15 ㊐ 昭和祭（文化祭）
1 / 15 ㊎ イングリッシュフェスティバル
2 / 19 ㊎ 私の研究全校発表会

2016年度募集要項			
試験日程	A・GA	B・GB	C
募集人員	60・10名	50・10名	30名
試験日	2/1 ㊊	2/2 ㊋	2/3 ㊌
考査科目	2科目または4科目の選択		

詳細はこちらから ▶▶▶ *http://jhs.swu.ac.jp/*

中高一貫
昭和女子大学附属
昭和中学校

■〒154-8533　東京都世田谷区太子堂1-7-57　■東急田園都市線「三軒茶屋」駅下車徒歩7分
■TEL：03-3411-5115　■E-mail：info@jhs.swu.ac.jp

Love God and Serve His People

輝いてます！
この１校

グローバル・アーツを基本とする
進化した国際理解教育を展開

女《じょ》子《し》聖《せい》学《がく》院《いん》中学校

創立１１０周年を記念して、オルセースクールミュージアム、１１０周年記念教育講演会など、さまざまな取り組みを行ってきた女子聖学院中学校。今回は国際理解教育について、田部井道子校長先生と、国際教育委員長の滝澤佳代子先生にお話をうかがいました。

「本校では、人と比べたり競いあうことで自分を高めるのではなく、自分と相手のいいところを互いに認めあい、受け入れあうことを大切にしています。それが他者理解、国際理解教育にもつながっていきます」と田部井道子校長先生が語られるように、一人ひとりの個性を尊重している女子聖学院中学校。

こうした考えは、創立以来、キリスト教の教えを土台とし、スクールモットーの「神を仰ぎ人に仕う」が変わりなく受け継がれていることに源があります。

そんな女子聖学院は従来から英語教育に定評があり、国際理解教育にも積極的に取り組んできました。現代は国際化社会と言われ変動の激しい流れのなかにありますが、そうした社会の変化をふまえて、１１０年の歴史のなかで積みあげてきた教育をさらにバージョンアップさせた新たな国際理解教育が今年度から展開されています。

グローバル・アーツの３つの柱

新しい国際理解教育は、「グローバル・アーツ」と名づけられました。

「国際理解教育のめざすビジョンを明確化するために、この言葉を掲げました。教科・科目を意味する『アーツ』という言葉は、社会や理科などの個別的な教科・科目を学ぶということではありません。英語科だけではなくて、すべての教科・科目が本校の国際性に帰結するというようなかたちで、各教科により磨きをかけるという意味として考えています」と滝澤佳代子先生。

この「グローバル・アーツ」を実践するにあたって、以下の３つの柱がつくられています。

ひとつ目は「英語教育への注力」です。教科教育としての英語教育はもちろん、ツールとして使える英語を身につけるためのプログラムが用意されています。これについてはのちほど詳しく説明します。

ふたつ目は「積極性をより意識的に評価する」ということです。これまでの勉強は、知識を吸収することに重点が置かれ、「どれだけ知っているか」が評価されていました。それをこれからは、「どれだけ意欲的に発表しようとするか、自発的にかかわろうとするか」という姿勢を評価していく方針へと変えていきます。発表することが苦手な生徒のフォローも欠かさず、自分からやってみようと動く気持ちをいっそう大切にしていきます。

３つ目は「アウトプット・発表する」場を積極的に設けていくことです。教師が教えて生徒が習うという受け身のスタイルではなく、習った内容を自分の言葉で発表することを学習のゴールとしていきます。そうすることで生徒は、アウトプットするためには、より質のいいインプットが必要だということを実感し、さらに発表するからにはもっときちんと調べよう、どのように発表すればうまく伝わるのかということも考えるようになります。

「国際理解教育というと、英語教

【説明会日程】

学校説明会

10月3日(土)
クラブ発表&クラブ体験
※ミニクラブ体験のみ要予約

11月14日(土)
進路教育&6年生向け入試直前説明会

両日とも14:00〜16:00

早期入試問題対策会 要予約

10月14日(水)、10月15日(木)
両日とも10:00〜、14:00〜の2回
終了後、希望者は教員との懇談会に参加可能

記念祭 要予約

11月2日（月） 11:00〜15:30
11月3日（火祝）9:30〜15:30
ミニ説明会、個別相談あり

入試体験会 要予約

12月5日（土）9:00 〜 12:00
入試担当者による解説あり

女子聖学院の英語教育

〈必修プログラム〉

- **中1** Global Starter Program …4月末から5月初旬の入学から間もないころに英語を使う楽しさを知ることで、英語学習に対するモチベーションを高めるねらいがあります。
- **中2** International Fun Camp …2泊3日のキャンプをつうじて、英語が好きになるような多彩なプログラムを体験します。
- **中3** English Skill Up Program …ホームステイやターム留学の動機づけになるような授業を展開します。
- **高1** Japan Presentation Program …他教科を英語で学ぶとともに、日本の文化を紹介するプレゼンテーションなどを実施します。
- **高2** Listening&Discussion Program …ディスカッション&プレゼンテーション、リスニング演習とディベート体験を行い、自分の言葉で発信する力を養います。

〈希望者プログラム〉

- **セブ島英語留学**（中3～高2）… 徹底的に英語力を伸ばすために用意されたプログラムです。現地の語学学校に約2週間通い、1日最低6時間、ネイティブ教員のマンツーマンレッスンを受けます。
- **立教英国学院留学**（中3）… ロンドン郊外の全寮制日本人学校、立教英国学院に1年間留学する制度です。ヨーロッパの雰囲気を感じながら、日本の学習指導要領に基づく授業を受けていきます。
- **アメリカでのホームステイ**（高1）…アメリカのクリスチャンホームで3週間ホームステイをします。自立心がうながされ、異文化交流の楽しさを体験できます。40年以上の伝統があるプログラムです。
- **オーストラリアの提携校への留学**（高1・2）… 現地校での学校生活をつうじ、同世代の海外の友人と交流を深めます。3年前から始まったターム留学に加え、今年度から1年間留学制度も始動しました。
- **海外大学指定校推薦制度**（卒業時・卒業後）…2013年度（平成25年度）より導入しています。オーストラリア、イギリス、アメリカ、カナダにある26の指定校（全て国立・州立大学）に推薦入学することができます。昨年度、今年度ともにオーストラリアの国立大学へ進学した生徒がいます。

育だけととらえられがちですが、本校では、この3つの柱をあらゆる教科に適用して総合的に取りこんでいきます。そして、海外でも自分の考えを堂々と発表できるような、グローバル社会を生き抜いていける自立した女性を育成していきます」（滝澤先生）

英語力が身につくプログラム

英語力をきたえるために用意されたプログラムの数々について、具体的に見ていきましょう。

まず、中1～高2で行われていた希望者対象のプログラムが、2015年度（平成27年度）から全員参加の「必修プログラム」として生まれ変わりました。中2の宿泊型プログラム以外は、3日間の通学型プログラムです。これまで希望制のプログラムに参加していた生徒の多くが、海外で活躍したいという意欲を持つようになったため、全員にそうした機会を与えた方がいい刺激になるのでは、との考えから必修のプログラムへと発展していきました。

さらに、海外に滞在する「希望者プログラム」も種類が増え、いままで以上に多くの生徒が参加できるようになりました。これまで行っていたアメリカでのホームステイや、オーストラリアでのターム留学に参加していた生徒がひと回りもふた回りも成長して帰国したこと、また、そうしたプログラムに参加した生徒から「あのとき留学してほんとうによかった」という声が多く聞こえてきたことから、より多くの生徒にそうした経験を積むチャンスを用意することにしたそうです。

このように女子聖学院中学校では、新たに展開される「グローバル・アーツ」教育を柱とした6年間の学校生活のなかで、自信を持って社会に羽ばたく力が育まれていきます。

「中高時代はいろいろな意味で種まきの期間だと考えています。すぐに芽がでるわけではありませんが、6年間の学校生活で経験したことが、卒業後のそのさきにつながっていくことでしょう」（田部井校長先生）

女子聖学院中学校

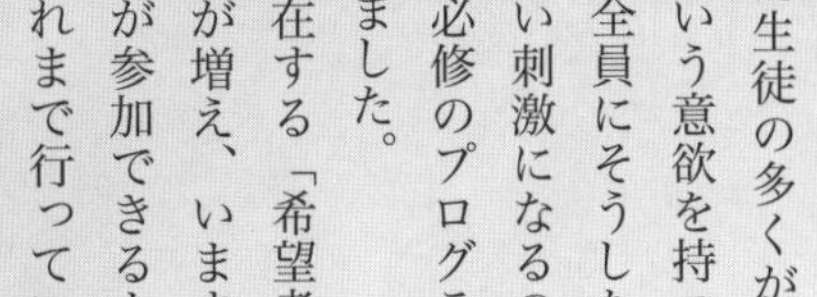

所在地：東京都北区中里3-12-2
URL：http://www.joshiseigakuin.ed.jp
電話：03-3917-2277
広報室直通：03-3917-5377
アクセス：JR山手線・地下鉄南北線「駒込駅」徒歩8分

Think
&
Share
■入試説明会日程 *要申込み
*9月1日より、学園ホームページの『申し込みフォーム』からお申込みください。
*各回とも定員は150名、内容は同じです。
6年生対象説明会 各回とも10:30~
①10月10日(土) ⑥11月11日(水)
②10月13日(火) ⑦11月21日(土)
③10月15日(木) ⑧11月30日(月)
④10月16日(金) ⑨12月 1日(火)
⑤11月 8日(日) ⑩12月 5日(土)
●入試直前説明会 12月12日(土) 10:30~
5年生以下対象説明会 各回とも10:30~
①10月17日(土)
②11月 5日(木)
③11月16日(月)
④11月28日(土)
⑤12月11日(金)
獅子児祭(学園祭) *申し込み不要
10月24日(土)・25日(日) 10:00~16:00
*入試相談コーナーがあります。
世田谷学園 中学校 高等学校
SETAGAYA GAKUEN SCHOOL
〒154-0005 東京都世田谷区三宿一丁目16番31号
TEL(03)3411-8661 FAX(03)3487-9113

SENZOKU

CHALLENGE 2016

地球規模に広がりゆく活躍の舞台を確認し、
生徒たちに秘められた高い可能性を確信して、
洗足の教育チャレンジは続けられています。
さらに良い教育、さらに高い成果を望みつつ、
洗足は今年も新たな挑戦を行います。
また少し新しい洗足を、是非、覗きに来てください。

Information2016

一般対象学校説明会	9/29 (火)	9:45〜12:15 授業見学可	
	11/28 (土)	10:00〜12:30 体験授業実施	
帰国生対象学校説明会	11/5 (木)	9:45〜12:15 授業見学可	
Night説明会	10/30 (金)	19:00〜20:30	※9月以降予約開始
入試問題説明会	12/19 (土)	●午前の部 8:30〜12:15 ●午後の部 13:00〜16:45	※11月以降予約開始
オープンキャンパス	10/10 (土)	8:30〜12:30	※8月以降予約開始
洗足祭	9/12 (土)・13 (日)	9:00〜15:30 ※入試相談コーナー開設	
学校見学個別相談	2015年5月中旬〜2016年1月末までの間（日曜・祭日及び8月10日〜20日を除く） 平日10:00〜17:00　土曜日10:00〜16:00 ※ご希望の方は事前に下記までご連絡ください。		

洗足学園中学校　〒213-8580 神奈川県川崎市高津区久本2-3-1　Tel.044-856-2777　URL http://www.senzoku-gakuen.ed.jp

心得その1

志望校を選ぶための4つの心得

学校選びのポイントをチェック

受験は、志望校を選ぶことから始まります。数ある学校のなかから受験する学校をしぼりこむためのポイントをご紹介します。

ポイント1 学校選びはさまざまな観点から判断する

ご家庭の求める教育方針やお子さんの性格によって学校を選ぶことができる「中学受験」。

その学校選びは、中学受験における保護者のとても大事な役割のひとつです。

しかし、私立中学校の数は首都圏だけでも300を超えるため、志望校を決定するのは容易ではありません。

そのため、知名度や偏差値の高さといった先入観や一般的な評価だけを頼りに志望校を決定してしまうおそれがあります。

志望校を選ぶということは、お子さんが中高の6年間という長く大切な期間を過ごす場所を選ぶということです。お子さんの「人生」に大きな影響を与える選択といっていいでしょう。

そのことをふまえて、保護者のみなさんは、先入観や一般的な評価のみを参考にするのではなく、さまざまな観点から学校を見て、厳しい目で慎重に学校選びを進めていく必要があります。

ポイント2 学力だけで判断しない 偏差値は指標のひとつ

志望校を選ぶ際に重要なのは、その学校がお子さんに合っているかどうかという「適性」を判断することです。

「校風が本人の性格や家庭の価値観に合っているか」「男子校・女子校なのか、それとも共学校か」「入試をクリアできるレベルまで学力が達しているか」「通学時間は適当か」など、ご家庭によって重視するポイントは異なります。

つまり、偏差値は志望校への適性を判断する指標のひとつなのです。模擬試験の結果や偏差値だけを見て志望校を決定してしまうと、偏差値がほかの要素に優先することになります。

もし、偏差値だけで志望校を決めてしまった場合、たとえ合格しても、入学後にミスマッチが起こる可能性が高くなります。

偏差値はあくまで志望校選びの一指標であることを忘れずに、偏差値に振り回されることのないようにしましょう。

ポイント3 志望校には足を運ぶ 実際に見ることが大切

志望校をしぼることができたら、各校が開催している学校見学会などに積極的に足を運びましょう。その際は第1志望校だけでなく、受験する可能性のあるすべての学校に足を運ぶのが理想です。

学校の情報は、学校案内の冊子やホームページなどからも得ることができますが、実際に学校を訪問して得られる情報は、保護者のみなさん、そしてお子さんが「実際に見て雰囲気を肌で感じて判断することができる」という点でほかの情報とは大きく異なります。ことわざにもあるように、「百聞は一見にしかず」ということです。

そういう点をふまえて、学校見学会などのイベントは、志望校だから見に行くというよりも、学校を実際に見てから志望するかどうかを判断する、という気持ちを持って参加するといいでしょう。

志望校選択 ここをチェック！

校風・学校文化

私立学校は、独自の建学の精神・教育目標に基づき設立、運営されています。そのため、学校ごとに個性豊かな「校風」が生まれ、その校風によって「伸びのびとした学校」「しつけ教育に重点を置いた学校」といった独自の学校文化が育まれます。しかし、学校文化は外部からはわかりにくい部分も多いので、その学校の先生や在校生、卒業生に聞いてみるのがいちばんです。志望校の校風や学校文化がお子さんに合っているかどうかよく確認してください。

男子校・女子校・共学校

男子校・女子校・共学校のよさはそれぞれです。異性の目を気にせずに、個性を発揮しながら伸びのびとした学校生活を送れる男子校・女子校。男女の考え方のちがいを理解し、お互いの長所や短所を認めあいながら過ごす共学校。また共学ですが、男女が別々に学校生活を送る別学校もあります。授業は別々で行事などは合同、もしくは授業も行事も別々と、学校によって異なります。どのタイプの学校にするかは、お子さんの性格や希望にそって決めましょう。

通学時間

私立学校へ入学すると、電車やバスを使って通学する人がほとんどです。しかし、通学時間が長いとそれが大きな負担となることもあります。家から学校までは往復3時間以内が目安ですが、教育的な配慮から制限を設けている学校もあるので確認が必要です。所要時間を調べる際は、利用する交通機関の通学時間帯における混雑状況なども調べておきましょう。

学力

受験をする以上、入試で合格を勝ち取るための学力が必要なのはもちろんですが、すでに述べたように、偏差値は志望校の適性判断の一指標です。偏差値はコンディションによっても変動しますし、優劣を表す数値ではないことを理解しましょう。これまでにあげた要素を加味しながら、学力とあわせて志望校を選択してください。

その他のポイント

・学校の宗教的背景

設立の基盤として、キリスト教や仏教系といった宗教的な背景を持つ学校があります。宗教的な理念を教育の柱として、規律やしつけを重んじ、豊かな人間性を育む教育を実践しています。信者でなくても受験は可能です。

・大学附属校 or 進学校

大学附属校は、大学受験にとらわれないゆとりある学校生活を送ることができますが、系列以外の大学に進学する場合、受験対策が万全でない学校もあります。一方、進学校は受験体制が整っています。お子さんが将来どのような進路を描いているのか、しっかりと確認しておきましょう。

ここであげた以外にも、学費など、さまざまな観点から志望校をしぼりこんでください。

志望校を選ぶための4つの心得

心得その❷

成功に導く併願校選びのコツ

併願校をどう選ぶかは、合否に大きくかかわります。受験を成功に導くために、その注意点やコツをお教えしましょう。

首都圏には、３００を超える中高一貫校が存在することは、62ページで述べたとおりです。その学校の数だけ入試が行われており、形式、内容は各校によって異なります。入試は、各都県によって入試解禁日が定められ、その日から数日間にわたって実施されていきます。

中学受験では、第1志望校のみを受験するという人は少なく、ひとり4〜6校受験するのが一般的です。

入試日程が重ならなければ、いくつもの学校を受験することができるのは大きなメリットですが、「どのように併願校を決めればよいのかわからない」という悩みを持つ方もいると思います。そうした悩みを解消するために、併願校選びのコツを見ていきましょう。

第1志望校を決める

併願校選びの前に、まずは第1志望校を決めましょう。そうすることで、併願校も選びやすくなり、第1志望校を「軸」とした入試日程を組むことができます。もし、第1志望校をしぼりこめていない場合は、志望校決定に向けてすぐに動きだしましょう。

第1志望校は遅くとも11月ごろまでには決めておきたいものです。しかし、早く取りかかるに越したことはありませんので、これから受験学年を迎えるお子さんは、6年生の前半までに候補となる学校を大まかにしぼりこめるようにしておくといいでしょう。

第1志望校を早めに決めることは、併願校選びの足がかりとなるだけでなく、多くのメリットがあります。

「この学校に入りたい」という明確な目標ができることで、受験へのモチベーションが高まり、意欲を持って勉強に取り組むことができます。志望校が定まらないままなんとなく勉強するよりも、しっかりとした目的がある方が、高い学習効果が得られるはずです。また、学習計画も立てやすく、入試問題の出題傾向を分析する時間などもじゅうぶんに取ることができます。

こうした効果を得るためにも、第1志望校は受験生が「ほんとうに行きたい」と思える学校を選択することが重要です。ある程度現段階の実力よりも高いレベルの学校でもよいでしょう。そのかわり、併願校については堅実に選択する必要があります。

平均偏差値を見極める

併願校を選ぶにあたって、以下の2点を注意してください。

・偏差値は入念に確認する

・難易度の高い学校ばかりを受けることは避ける

受験生の偏差値は、これまでに受けた模試の結果の平均値を基にしてください。

偏差値は、受験生のその日の調子によって大きく変化することが

成功に導く併願校選びのコツ

あります。つねに安定している、もしくは上昇しているのであれば問題ありませんが、たまたまでた高い偏差値を基準にしてしまうと、難度があがり残念な結果になってしまう可能性もあります。冷静にこれまでの偏差値を判断することが大切です。

もうひとつの注意点が、むずかしい学校、いわゆるチャレンジ校ばかりを受けるのは避けることです。目標を高く持つことは大切ですが、「もしどこにも合格できなかったらどうしよう」という不安を受験生が感じて、入試当日に本来の実力をだしきることができなければ意味がありません。

お子さんが自信と安心感を持って受験にのぞめるような併願校選びを心がけましょう。

3段階に分けて選ぶ

第1志望校を決め、平均偏差値を確認したら、さっそく併願校選びです。そのコツは、お子さんの平均偏差値を基準に、「チャレンジ校」「実力適性校」「合格有望校」と3段階に分けて選ぶことです。

1 **チャレンジ校**　偏差値が合格可能性50%ラインに達している、もしくはその前後に位置する学校

2 **実力適正校**　偏差値が80%ラインに達している、もしくはその前後に位置する学校

3 **合格有望校**　偏差値が確実に合格可能性80%ライン以上を超えている学校

この3段階の偏差値の幅は、「実力適正校」が平均偏差値を基準として上下に3ポイント程度、「チャレンジ校」が現在の受験生の偏差値よりも5ポイント程度上、逆に「合格有望校」は5ポイント以下の学校を選ぶようにしましょう。

併願校の偏差値に段差をつけて、階段をあがるようなイメージで受験校を選ぶことが併願校選びのポイントです。

受験生ができるだけプレッシャーを感じずに、第1志望校の受験を迎えられるように併願校を組むことが受験を成功に導くことにつながります。

併願校選びのコツをしっかりとおさえて確実に合格を勝ち取りましょう。

併願校選び まとめ

1 第1志望校を決める

第1志望校を決めることが併願校選びの第1歩です。第1志望校を軸に日程を組みます。

2 平均偏差値を冷静に判断

偏差値は受験生のコンディションによって変動します。よい結果だけを見るのではなく、これまでの模試の平均偏差値を参考に学校を選ぶようにしましょう。

3 3段階の学校選び

合格を確保するために、平均偏差値をもとに「チャレンジ校」「実力適性校」「合格有望校」の3段階で考えましょう。

Fight!
受験まであと100日

志望校を選ぶための4つの心得

心得その③

パターン別 入試日程の組み方

入試において、併願スケジュールをどのように組むかは重要です。チャレンジ校や実力適正校を第1志望校として日程別に見てみましょう。（1〜3はいわゆる試し受験はのぞきます）

パターン1 初日に第1志望校を受験

第1志望校を初日に受験する場合、ここで合格を手にすることができれば問題ありませんが、残念ながら不合格となってしまったときのことも考えて併願校を選ぶ必要があります。

このケースでは、初日の合格発表の日時によって、2日目以降の日程を決めていきます。発表が試験当日の場合、2日目は第1志望校の結果を見てから受験することになりますので、合格有望校を選んでおきます。

発表が即日ではない場合は、2日目、3日目のどちらに合格有望校を組みこんでも大差はありません。しかし、2日目にチャレンジ校や実力適正校を受験するのであれば、3日目には合格有望校を選びましょう。

パターン2 2日目に第1志望校を受験

2日目に第1志望校を受験する日程を組む場合は、初日に受験する併願校は慎重に選ばなくてはなりません。

とくに、初日の合格発表が試験当日に行われるのであれば、その結果を知ったうえで第1志望校の受験となるので、初日で合格を確保しておきたいところです。

また、2日目には多くの受験生が本命と考える学校を受験します。競争が激しくなることが予想されますので、初日は合格有望校を組みこむにしろ、受験生が「行きたい」と思う学校、過去問対策がじゅうぶんにできている学校であることが望ましいです。

初日からチャレンジ校ばかりを受験して残念な結果にならないように気をつけましょう。

パターン3 3日目以降に第1志望校を受験

第1志望校を3日目以降に組みこむのであれば、受験生が心身ともに余裕を持って、第1志望校を受験できることが重要です。そのためにも、初日または2日目のどちらか、もしくは両日とも合格有望校を組みこんだ日程にしておくといいでしょう。

3日目ともなると、本命とする学校に合格する受験生もでてきます。しかし、まわりの結果に振り回れることなく集中して乗りきりましょう。

このパターンのように、3日目以降に第1志望校の受験がある場合、受験生がどれだけ体力や集中力を保てるかがカギとなってきます。保護者のかたは、お子さんの体調やようすに気を配り、しっかりとサポートしてください。

その他のパターン 1　1月入試校を受験

首都圏では千葉・埼玉は1月から、東京・神奈川は2月1日から入試が始まります。

以前は、東京・神奈川の受験生が「試し受験」、つまり場慣れするために千葉・埼玉の「1月入試校」を受験するパターンが多くみられました。しかし、近年は交通アクセスがよくなったことなどから、入学を前提とする受験生も増えています。そのため、競争も激しくなりがちで難易度の予想がむずかしい状況となっています。

1月の試し受験で場慣れするつもりが不合格となって本番の入試に悪影響を与えてしまっては本末転倒です。「試し受験」をするかどうか、するのであればどの学校にするかは、お子さんの実力や性格を考慮して決めましょう。

その他のパターン 2　午後入試を受験

1月入試校を受験することがむずかしい地域に住んでいる東京・神奈川の受験生におすすめなのが「午後入試」です。一般的に午後2時~3時から始まるので、午前中に他校の入試を受けてから受験にのぞむことができます。

午後入試では、受験生の負担を軽くするために、問題数や科目数を減らしたり、移動の利便性を考えて開始時刻を複数設けるなどの配慮をする学校も増えています。

また、合格発表も即日で行われる場合が多いので、併願校選びの幅が広がるのもポイントです。

しかし、1日にふたつの学校を受験することは、体力面・精神面で受験生にとって大きな負担になりますので、午後入試を活用するかはよく考えましょう。

併願パターンの基本例（東京・神奈川の中学校を中心に受験する場合）

併願パターンの例を参考に、ご家庭に合った併願パターンを組んでください。

基本パターン　チャレンジ校と合格有望校をほどよく受験

	1月中	2月1日	2月2日	2月3日	2月4日以降
チャレンジ校		B校			F校
実力適正校				E校	
合格有望校	A校	PM C校	D校		G校

・1月中に確実に合格できる学校を試し受験。
・2月1日午前の第1志望校(B校)のあとは、午後に、合格有望校を組む。2日には偏差値マイナス5程度の合格有望校。
・3日までに合格できれば4日以降はチャレンジ校、残念な結果なら合格有望校を受験する。

安全パターン　第1志望校の前に合格を

	1月中	2月1日	2月2日	2月3日	2月4日以降
チャレンジ校			D校		F校
実力適正校		PM C校		E校	
合格有望校	A校	B校			G校

・第1志望校(D校)受験の前に、確実に合格できる学校を受験しておき、余裕を持って2月2日の第1志望校にのぞむ。
・4日以降は3日までの結果次第で決める。

チャレンジパターン　強気でいくならつづけてチャレンジ校を受験

	1月中	2月1日	2月2日	2月3日	2月4日以降
チャレンジ校		B校	D校	E校	
実力適正校	A校				
合格有望校		PM C校		F校	G校

・1月中は実力適正校で力試し。
・2月1日、2日はチャレンジ校に挑戦する。できれば1日の午後入試は合格有望校を。
・3日は2日までに合格を得られなければ合格有望校にし、合格校があれば、さらにチャレンジ校に挑戦。

Fight!
受験まであと100日

志望校を選ぶための4つの心得

心得その④
学校説明会に参加してみよう

志望校の最終決定に向けて、気になる学校の学校説明会に参加してみましょう。実際に学校を訪れてみて初めてわかることが多くあります。

参加の意義とは

志望校を決めるにあたって、現在では、インターネットや学校案内、進学情報誌など、さまざまなメディアから情報を集めることができます。しかし、いくら詳しい説明や画像があったとしても、学校の雰囲気や文化、校舎のようす、生徒と先生の関係など、学校を訪れてみないとわからないことも多くあります。実際に自分の目で学校を見ることが大切です。

多くの学校では、公開行事や、受験生を対象とした体験授業、部活動体験など、受験生とその保護者が学校を訪れる機会を用意しています。そういった受験生向けのイベントのなかでも、学校説明会は、その学校について最も詳しく知ることができる機会です。

学校説明会では、教育理念や教育方針、コースやカリキュラム、授業内容、進路指導への取り組み方など、学校生活にかかわることを学校の教職員のかたから直接聞くことができます。また、入試における注意事項や入試問題の解説など、貴重な情報を得ることもできます。

学校によっては、学校説明会のあとに、個別相談や校舎見学の時間を設けている場合もあります。学校説明会に参加して、疑問に思ったことや不安なことがあれば、直接先生に相談してみましょう。校舎見学では、学校の実際のようすを知ることができます。

情報収集は早めに

学校説明会の情報は、各校のホームページや受験情報誌に掲載されています。日時や場所に加え、対象者や参加方法、持ち物などもしっかりチェックしておきましょう。回数が少なかったり、参加人数が定められていて、事前予約が必要な学校もあるので、早めに確認しておくことが大切です。

複数の学校の説明会に参加することで、各校の特徴やちがい、共通点を感じることができ、受験へのモチベーションもグッと高まるはずです。お子さんが6年間通うことになる学校ですので、入学してから「こんな学校だとは思わなかった」ということにならないためにも、学校説明会に参加して、ご家庭の教育方針やお子さんに合った学校を見つけてください。

その他の受験生向けのイベント

オープンスクール
受験生本人が参加する体験型のイベント。授業やクラブ活動などに参加できる。

入試問題解説会
入試問題の解説が行われる。入試模擬試験を実施する学校も。受験期に近い12月、1月に実施。

個別見学会
説明会以外でも、学校見学ができる場合がある。事前予約が必要な場合が多い。

文化祭・体育祭など
学校によっては一般公開している行事もあり、文化祭は多くの受験生に公開されている。

合同説明会とは
複数の学校が集まって行う合同説明会は、一度にいろいろな学校の情報を得られるというメリットがある。ただ、学校を見ることはできないので、受験を考えている場合は、別の機会に直接訪れるようにしよう。

ポイント1

自宅から学校までの通学ルートを確認

志望校選択の重要な要素のひとつが通学のしやすさです。学校説明会に参加するときは、実際に通学に使うことになる交通機関を利用しましょう。電車やバスの乗り換え、自宅から学校までの所要時間、通学路周辺の環境など、6年間通うことになるお子さんの目線に立ってしっかりチェックしてください。また、一度行っておくことで、入試当日もあわてることなく行けるはずです。

ポイント2

在校生の態度や表情、目の輝きを見る

学校の主役は生徒です。在校生の姿は、その学校の教育を色濃く反映しますので、学校説明会に参加した際は、在校生のようすも見てみましょう。あいさつはできているか、制服や髪型などの身だしなみはきちんとしているか、そして重要なのは生徒の表情や目の輝きを見ることです。生徒がいきいきとしている学校は、それだけ一人ひとりの個性をいかす教育を展開しているといえます。

学校説明会 ここがポイント！

ポイント3

施設・設備などの教育環境をチェック

私立学校の校舎は、外観や敷地面積、施設や設備など、学校それぞれに個性があります。最新設備がそろった新校舎なのか、伝統ある校舎を大切に使っているのか。理科実験室や図書館、自習室などの学習環境は整っているか、体育館やグラウンドなどのスポーツ施設は充実しているか、食堂の有無など、実際にお子さんが6年間の学校生活を過ごすことを想定して見てみましょう。

ポイント4

学校の先生と積極的に話してみる

学校説明会に参加した際に、機会があれば学校の先生と積極的に話してみることをおすすめします。全体の説明では聞けなかった具体的な話を聞くことができるかもしれませんし、複数の先生と話すことで、その学校の教職員のようすや教育に対する姿勢が伝わってきます。大切なお子さまを預けるわけですから、その学校の先生がたを信頼できるかどうか、妥協せずにしっかりと判断しましょう。

行こう。世界へ。
TACHIBANA GAKUEN
Junior and Senior High School
中学・全員ロンドン海外研修
高校・国際コース全員ニュージーランド１年留学
学校説明会 /予約不要
11月21日(土)
9：30～11：30
12月19日(土)
8：30～9：45
ミニ説明会 /要予約
10月28日(水)
10：00～11：30
1月13日(水)
10：00～11：30
オープンスクール /要予約
11月21日(土)
9：30～12：00
受験生のための
模擬試験 /要予約
12月19日(土)
8：20～11：00
橘花際《文化祭》 10：00～14：30(受付)
10月3日(土)・10月4日(日)
橘学苑中学校・高等学校
〒230-0073 横浜市鶴見区獅子ヶ谷 1-10-35 TEL０４５－５８１－００６３
http://www.tachibana.ac.jp

宝仙学園中学校共学部

『理数インター』
理数インターは、知的で開放的な広場である

『21世紀の世界標準』を身に付けたグローバルリーダーの育成

富士晴英校長

進学マニフェストの達成

２００６年秋、理数インター開設前の学校説明会で「国公立・医学部20%以上、早慶上理ＩＣＵ50%以上、全員がＧＭＡＲＣＨ以上」の進学マニフェストを掲げた理数インター。当時、これほど具体的な数字を進学マニフェストとして発表する私立中学校はほとんどなく、説明会に参加されていた保護者の方々の驚く顔が大変印象的でした。

今年度、新校長に就任された富士晴英先生は、開設前の学校説明会で進学マニフェストについて説明されていた先生です。当時の様子について富士先生に伺いました。

「生徒がまだ一人もいない中であれだけの数字を示すわけですから、最初は保護者の方々の理解を得るのは大変難しかったのは事実です。ですが何度も何度も懸命に理数インターの教育コンセプトをご説明するうちに、少しずつ賛同を得られるようになり、と同時に、〝何としても理数インターを成功させる〟という強い意志が湧き上がってきたのを覚えています。それは私だけではなくすべての教員がそうでした」と懐かしそうにお話し頂きました。

その理数インターの今年度（２０１５年度）第3期生の大学合格実績は、卒業生１２２名中、国公立・医学部35名、早慶上理ＩＣＵ62名、ＧＭＡＲＣＨ82名となり、当初掲げた進学マニフェスト以上の実績を上げています。

理数インターの教育コンセプト

理数インターが支持される背景には、開設当時から変わらぬしっかりとした教育コンセプトがあります。

「受験生・保護者の皆さまに本校が受け入れられた理由は、進学マニフェストは確かにインパクトがあったと思いますが、それよりも本校が打ち出した『理数的思考力に裏付けられたコミュニケーション能力とプレゼンテーション能力の育成』という教育コンセプトに新鮮さを感じて頂けたからではないかと感じています。本校が目指す『21世紀の世界標準』を身に付けたグローバルリーダーの育成には、この3つの力が必要不可欠と考え、これまで継続して実践してきました。その成果が大学合格実績にも現れているのだと思います」と富士先生は語ります。

この教育コンセプトの根底にあるのは、２０２０年の大学入試改革で実施予定の「大学入学希望者学力評価テスト（仮称）」の評価対象となる、「知識や技能を活用する思考力・判断力・表現力」の育成です。理数インターでは、すでに9年前から、この「思考力・判断力・表現力」の育成に取り組んでおり、今日まで少しもブレることなく実践し続けています。そこに理数インターの本当の実力があるのではないでしょうか。

理数インターの「理数」とは、「理数的思考力」

理数インターが追究する「理数的思考力」とは、いろいろな問題に繰り返し挑み、自分自身の中で、あるいは相手に対して、その問題を論理的に考え伝えることのできる能力のことです。この「理数的思考力」を養うために、理数インターでは「総合探究プロジェクト」を実施しています。

総合探究プロジェクトは、「問題の発見⇩仮説⇩検証⇩考察」というプロセスの中で、自ら疑問を持ち、その疑問を解決しようとする姿勢を磨くための取り組みです。毎年4月、中1から高1までが各自の探究課題を決めてスタートします。まずは小さな疑問から始まり、それが大きな発見に繋がったり、または大きな問題に直面したりと苦しみながら課題を解決へと導きます。この探究のプロセスが、生徒の「理数的思考力」を鍛え、また物事を追究していくことの楽しさを実感させます。

そして1年間の探究の成果を「研究発表会」で全員が発表します。先輩や友人の発表を聞くことで、お互いの好奇心を刺激し合いながら新しい知識を得ることができ、また、与えられた時間の中で「いかに聴き手にわかりやすく伝えるか」という発表の技法を学ぶことで、プレゼンテーション力（表現力）が養われます。

この「総合探究プロジェクト」で鍛えたコミュニケーション力とプレゼンテーション力を更に高めるために、中学修学旅行では、経済成長著しいシンガポールとマレーシアを訪問し、アジアの文化に触れます。そして高校の修学旅行では、スタンフォード大学で研修を行い、これまでの総合探究プロジェクトの集大成として、スタンフォード大の先生や学生を前に、全員が英語で発表します。

生徒の自律と主体的行動をサポート

これから10年後、20年後の理数インターのあるべき姿について、富士先生に伺いました。

「第3期生で、大学合格実績という第一段階の目標をクリアし、やっと進学校としてのスタートラインに立つことができたのではないかと思います。次のステージでは、『質の高い進学校文化』を築き上げたいと考えています。そのために、今年度から「進路指導部」を「進路支援部」に変更し、生徒の発達段階に応じた6年間のステージマップに基づいた、きめ細かな支援を全教員で行います。そして、20年の大学入試改革も念頭に置き、生徒一人ひとりの自律を促し、主体的に将来を切り開いていけるような学校文化を作り上げたいと考えています。今なすべきことは何なのか、教員として生徒に係わるスタンスはどうあるべきかを深く考えて行動していきます。それが私を始め、教員全員の役割ではないかと考えています」と語って頂きました。

最後に、理数インターを受験しようと考えている生徒・保護者の方々へ富士先生から次のようなメッセージを頂きました。

「入学時の学力と入学後の学力には相関関係はないと感じています。本校に限らず、志望の中学校に入学し、そこで勉強したいと強く思う気持ちがあればいくらでも学力は伸びていきます。秋以降、学校説明会や体験学習などを何回か実施しますので、ぜひ一度理数インターを体験してみてください。教員全員でお待ちしています。」

宝仙学園中学校共学部『理数インター』

★保護者説明会・小学生体験学習
9月12日（土）14:30～16:00
10月10日（土）14:30～16:00
11月 3日（火）10:00～11:30
※選抜クラス向け（要予約）
11月 3日（火）10:30～12:00
※公立一貫対応向け（要予約）
11月29日（日） 8:45～13:00
※入試体験会（小6限定）（要予約）

★宝仙祭
10月24日(土)・25日(日)10:00～15:00

★ミニ説明会情報
9月～12月の平日、ワンテーマに絞ったミニ説明会と受験特別相談会（計1時間）を企画します。
詳しくはHPにてご確認・お申込みください

〒164-8628
東京都中野区中央2-28-3
TEL.03-3371-7109
http://risu-inter.ed.jp/

平成27年　「一貫特進コース」新設！

○目標は６年後の難関大学突破

○わかるまで、できるまで徹底サポート

○都内でも最大級の授業時間を確保

■中学校説明会

予約不要（11/21、12/19は要予約）

9月12日（土）　13:30〜
中学1・2年生による学校紹介（特進・進学）

10月17日（土）　13:30〜
中学3年生による英語での学校紹介

11月　8日（日）　11:00〜
一貫特進、授業見学会

11月21日（土）　11:00〜
個別相談会

12月　6日（日）　11:00〜
4科の入試傾向と対策

12月19日（土）　13:30〜
入試問題研究会

1月16日（土）　13:30〜
入試直前説明会

TEIKYO

帝京中学校

〒173-8555　東京都板橋区稲荷台27番1号　TEL.03-3963-6383　FAX.03-3963-2430

http://www.teikyo.ed.jp

高水準の英語力と豊かな感性が身につく教育を実践

八《や》雲《くも》学《がく》園《えん》中学校

2015年（平成27年）、多数の国公立・早慶上理・GMARCH合格者を輩出した八雲学園中学校・高等学校は「英語教育」を特色のひとつとしています。昨年新たなプログラムを開始し、未来に向けたさらなる進化・発展を予感させています。

School Information

所在地　東京都目黒区八雲2-14-1　　URL　http://www.yakumo.ac.jp/
TEL　03-3717-1196　　アクセス　東急東横線「都立大学駅」徒歩7分

「質」にこだわりぬく 八雲学園の英語教育

6年間にわたり、大学入試に必要な「読む・書く・聞く・話す」の英語4技能を徹底して身につける八雲生。アクティブ・ラーニング、つまり「体験」を大切にした英語関連行事を楽しみながら、グローバル社会で活躍できる人材となることをめざします。

その行事のひとつが、中学3年次に生徒全員が参加する「アメリカ海外研修」です。2週間でUCSB（カリフォルニア大学サンタバーバラ校）をはじめとした地元の学校を訪問し、姉妹校のケイトスクールとも交流します。

アメリカ海外研修

3カ月語学留学

期間中、たびたび活用されるのが、郊外施設の「八雲レジデンス」。近隣の、海岸に面した丘陵に建つこの施設は、ゲストハウスや温水プール、テニスコートなどを備えた、リゾートホテル顔負けの快適な空間です。約35年間にわたり英語教育に携わってこられた近藤彰郎校長先生は、この取り組みについてつぎのように語られます。

「本校は、英語教育をいかに進化・発展させていくか、に尽力しています。姉妹校の質にもこだわりぬき、名門ケイトスクールと提携するまでに約10年間、毎年のように海外へ出向いたものです。英語教育は『飾り』ではありません。中身が非常に大切なのです」

TESOL取得講師から学ぶ 3カ月語学留学プログラム

2014年度（平成26年度）からは、高校1年次の行事として「3カ月語学留学プログラム」が導入されました。希望者のなかから、英語力・生活態度・意欲の評価により選抜された生徒が参加するもので、UCSBで寮生活を送りながら、現地の生徒たちとともに計250時間、授業に出席します。それに加え、事前・事後学習が3カ月ずつあるため、実質9カ月にわたり英語力がきたえられるプログラムです。

昨年参加した生徒は、その後、めざましい成果を見せ、今年の学校説明会では、受験生や父兄の前で英語スピーチを披露しました。そのようすを見られた近藤校長先生は「格段にうまくなっています。多くの受験生たちに、『八雲に入ればこんなふうになれる』と、希望を抱かせてくれました」と、絶賛されています。

このプログラムの最大の特徴は、TESOL（テッソル）の資格を持つ現地の特別講師から、質の高い英語を学べることです。TESOLとは、「英語を母国語としない人たち向けに英語を教える能力」が認められる国際資格。これを持つ先生は、英語を「話す」だけでなく、正しく「教える」能力を持っています。

「ネイティブだからといって、正しい英語を話せるかというと、疑問を感じます。日本人にも、正しい日本語が使えない人がいるのと同じです。また、文法的には合っていても、適切な言い回しができなければ、『ほんとうに使える英語』とは言えません。TESOLを持つ先生から学ぶことで、世界に通用する本物のグローバルな英語を身につけてほしいと思っています」（近藤校長先生）

八雲学園にも、TESOLを持つ先生が2名在籍しています。日本にいながら、「質の高いネイティブの英語」に触れられる環境が、ここにはあるのです。

女子を輝かせる教育で感性豊かなOGを輩出

八雲学園の特色は英語教育にとどまりません。近藤校長先生が「女子は、磨けば磨くほど光り輝く」と語られるように生徒を手厚くサポートするいくつもの体制が整っています。

そのひとつが、「芸術鑑賞」です。八雲学園では毎月1回、芸術鑑賞を行います。国立博物館やミュージカル、鎌倉研修など、さまざまな文化を体験し、机上では得られないものに触れることで、豊かな感性を養います。「体験することはとても大切です。女子は、おとなが導いてあげることによって、『じゃあ、やってみよう』という姿勢を見せてくれます。自分の殻を破り、世界にでて行く生徒たちを手伝うのは、私たちの役目なのではないでしょうか」と、近藤校長先生。外に出向いて行う体験のほか、スポーツ界の有名監督を招いたり、名門イエール大学のアカペラグループを招いたりするなど、校内での体験もさかんです。

スピーチコンテスト

芸術鑑賞

先生が生徒を導く、という観点では、「チューター方式」も特色ある取り組みのひとつ。学内の先生が全員で、担当生徒を分担しています。多感な時期の生徒たちにとって、24時間体制で相談できる人がそばにいる、ということはとても心強いことでしょう。近藤校長先生は、「チューターと生徒の『相性』にも配慮しています。入学時に一度担当を決めますが、中学2年次に『合う、合わない』を生徒に確認し、再編します。双方が寄り添うための取り組みなので、当然のことだと思っています。生徒は、守られてこそ成長できるのです」と話されます。

先生がたのきめ細かい対応は「進路指導」にもいかされています。生徒が進路に迷ったとき、担任やチューター、進路担当が背中を押す存在になっているのです。「学校としての進路目標を押しつけるのではなく、生徒一人ひとりの目標に合わせた個別指導を実践しています。本人の希望をかなえるために手をかけることはとても大事なことです。入学時に偏差値が40に満たなかった生徒が、最終的に60を超えた例もあります。周囲のバックアップは本人の自信にもつながります」と近藤校長先生。

このように、独自の教育を展開する八雲学園中学校。グローバルに活躍できる英語力や人間力、豊かな感性を身につけ、いきいきと巣立っていった卒業生たちの多くが、たびたび八雲学園に顔を見せに来るそうです。その姿を見た後輩たちもまた、未来に希望を抱くのでしょう。

「人は学ぶ時代を選べません。『いまの時代で、夢を持ち、自分のやるべきことをしっかりやろう』という気持ちを持つ生徒に入ってきてほしいですね。勉強に集中できる環境に感謝し、夢の実現をめざしてもらえたらと思います。」（近藤校長先生）

学校説明会

すべて10:30～
※ 9月13日(日)
9月29日(火)
10月28日(水)
※11月22日(日)
12月18日(金)
1月 9日(土)

※の日は英語の体験学習も実施。

pick up!

昌《しょう》平《へい》中学校

埼玉県初！ IB（国際バカロレア）MYP候補校

School INFO.

所在地
埼玉県北葛飾郡
杉戸町下野851

TEL
0480-34-3381

アクセス
東武スカイツリーライン直通
「杉戸高野台駅」
徒歩15分・バス5分、
JR宇都宮線・東武伊勢崎線
「久喜駅」バス10分

腕だめしテスト＆教育講演会
9:00～12:00
10月11日（日）

入試説明会
10:00～12:00
10月 3日（土）
11月22日（日）
12月12日（土）

入試問題アドバイス
10:00～12:00※要予約
10月24日（土）

2010年（平成22年）に開校した昌平中学校。2015年度（平成27年度）より、最難関大学合格を目標とする「Tクラス」も新設され、さらに「国際バカロレア候補校」に認定、グローバル社会に対応できる人材を育成しています。

IB（国際バカロレア）中等教育プログラム（MYP）候補校として2015年3月1日、埼玉県初の認定を受けました

2015年度（平成27年度）入学生から「グローバル人材育成プログラム」をスタートさせた昌平中学校（以下、昌平）。「プロジェクト学習」「パワー・イングリッシュ・プロジェクト」「国際交流の実践」「SW（スペシャル・ウェンズデイ）」「IB（国際バカロレア）の導入」という一連の教育プログラムをとおして、加速度的にグローバル化している社会に対応できる人材を育てていきます。

とくにIB教育は、現在の小学生が大学受験を迎える際に、知識重視のセンター試験が廃止され、思考や判断など知識の活用力を問う試験へと大きく変化する予定の大学入試への対応にも効果的です。

以前から英語学習には定評がありますが、そのほかの教科指導も充実しています。「手をかけ鍛えて送り出す」昌平の学習指導とはどんなものなのか、城川雅士校長先生にうかがうと「本校の学習指導は奇をてらったものではなく、王道の正攻法なものですが、IB候補校に向けて、日本人が比較的苦手とするプレゼンテーション力などが身につくよう、授業に工夫をしていきます」と話されました。

中1・中2の2年間は、全員が同一内容・進度で各教科の基礎基本を徹底していきます。ここで養った学力を土台とし、中3・高1では応用力を磨き、高1の最後に文系・理系のコース選択を行います。そして高2・高3の2年間は6年間の集大成として、希望の進路実現と、そのさきを見据えた実社会にも対応できる実践力を身につけます。

また、第4土曜を除く土曜日に授業を実施することで授業時数を確保。授業は、各先生がたが進め方、生徒の知的好奇心をくすぐる内容を徹底的に研究し、課題発見力や課題解決力が身につくように工夫します。生徒それぞれの現状を見極めながらの指導も手厚いものがあります。補習や希望者対象の放課後講習、夏期・冬期・春期講習など、すべて無料で受けることができます。

2015年度より最難関国公立大学をめざすTクラススタート

さらに、最難関大学合格を目標とした「Tクラス」を新設し、2015年度（平成27年度）入試から募集を始めました。「手をかけ鍛えて送り出す」昌平の教育のもとでスタートした「Tクラス」にも、いま、大きな注目が集まっています。

過去8年間 主な大学合格者数推移

国公立大学
56名合格

早慶上理
66名合格

G-MARCH
136名合格

大学合格実績の推移

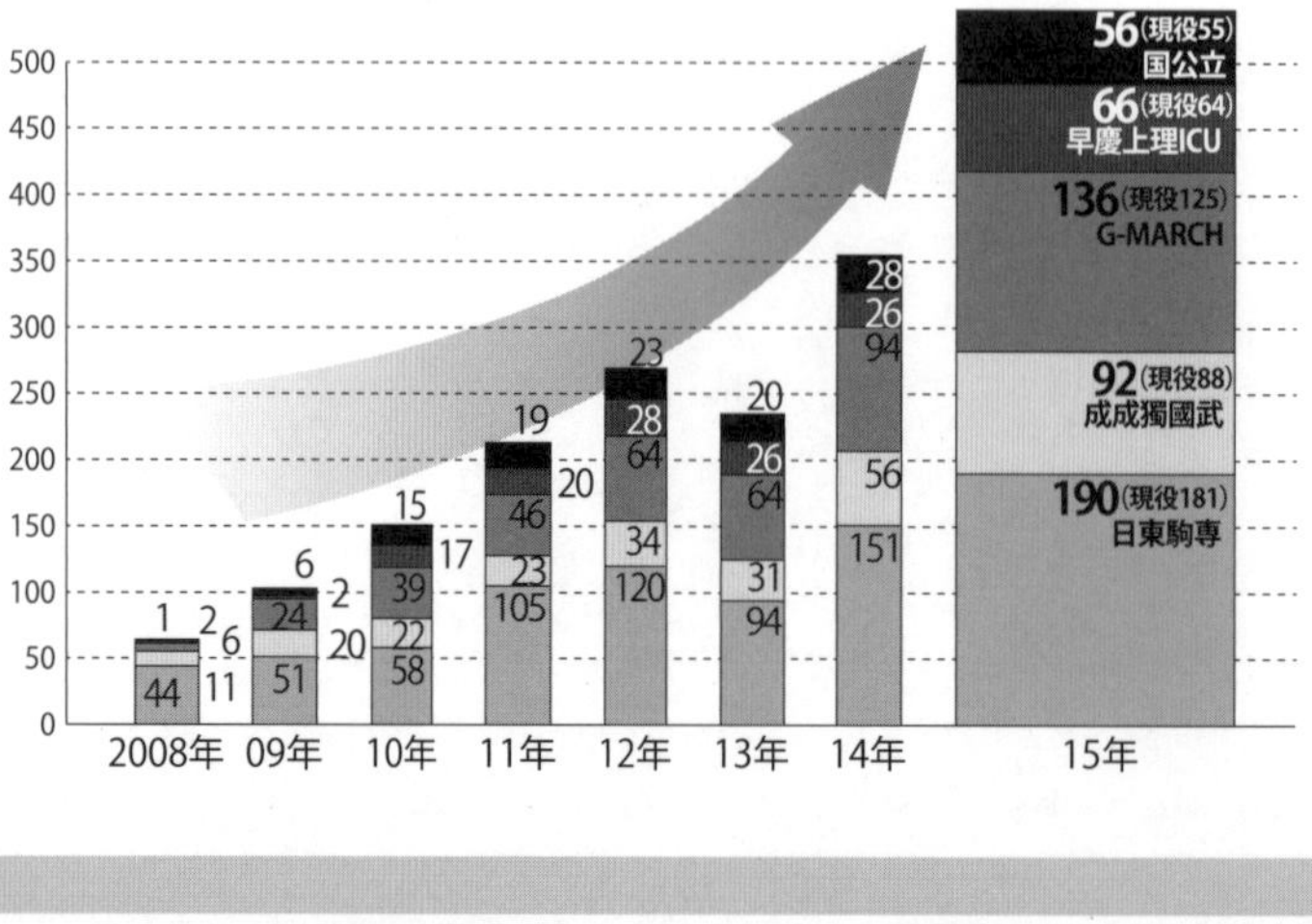

合格の決め手は親にある！

子どもと
向きあう
中学受験

あと100日を親子で走る
目標の再設定とペース配分

森上教育研究所　所長　**森上 展安**

学校選択のポイントは
「ご家庭がなにを重視するか」

安田教育研究所　代表　**安田 理**

受験まであと100日
親と子の過ごし方

産経新聞編集委員　**大野 敏明**

あと100日を親子で走る
目標の再設定とペース配分

森上教育研究所　所長　森上 展安

現状の到達点を知って
ゴールの到達点をはかる

あと１００日というと、にわかにアドレナリンが吹きだしてきそうですね。

ただそれは保護者だけで、肝心の受験生本人はエンジンがかからない、というケースもあります。

また一方で、焦りが強まり、受かりたい想いは強まるばかりなのに学力は伸びない、と努力が実らず苦しんでいる受験生もいるでしょう。

しかし、どのような状態であっても時間だけはみんなに平等に配分されています。そこで、いま改めて、配分されている残日数を明確にして、各々の現状に沿って入試までを再設定してみませんか、というのがこの記事の趣旨です。

泣いても笑ってもあと１００日ということを、まず理解しましょう。

そう考えると、当然ですが、現状の到達点から１００日後の到達点をどこにおくか、そこから割りだして、どのペースで進めていくか、という「目標の再設定」と「ペース配分」が意識にのぼってきますね。

これらのうち「現状の到達点を把握する」ということを、いちばん最初にやるのが最も肝心なことなのですが、じつは、案外できないことなのです。

では、目標とする到達点を設定することはどうでしょう。

これは当然、第１目標の中学入試問題で問われる学力のことですが、それとは別に「合格が読めて進学してもよいと思える中学の入試問題の学力」をさきに明確に見当をつけておくことがなにより大切です。つまり、いわゆる学力相当校の選択です。

ここをいま、しっかり設定しておかないと、第１志望校不合格後のダメージが大きく、のちのちまで尾を引くことになりかねません。

そうなることの影響は百害はあっても一利もないので、ここ、つまり学力相当校の選択が受験生本人とご両親で納得できること。そこにいちばん時間をかけて決めてほしいのです。

苦手科目の中身を知る
一つひとつわかるまで

当初のお話、つまり現状の学力到達点、現状の学力把握、の認識に戻ります。

まず苦手な科目のうちの、なにが苦手か、どのように苦手か、が本人の意識のうえで明確でなく、ただ不得意感のみが大きくのしかかっているのが通常の状態です。つまり、苦手そのものが見えていない場合が断然多いのです。

いやしかし、図形が弱い、天体が弱いなど単元名では言える、ということであれば苦手部分が見えていることにならないかと思われるでしょう。それはそれで得点が取れてないという意味で確かに弱点部分です。

では、なぜ得点できないのでしょ

森上教育研究所
所長 **森上 展安**

もりがみ・のぶやす　森上教育研究所所長。岡山県生まれ。早稲田大学卒業。進学塾経営などを経て、1987年に「森上教育研究所」を設立。「受験」をキーワードに幅広く教育問題をあつかう。近著に『入りやすくてお得な学校』『中学受験図鑑』などがある。

うか。それはわかっていないからですよね。では、なにがわかっていないのでしょうか。それはその単元が弱いから——堂々めぐりのQ＆Aが予想されますね。

では具体的に、その単元のなかの典型問題を解いてみましょう。

１行ずつ読み進めてみます。読んだことを図示してみましょう。線分図、面積図、あるいは表・グラフ……さて、どうでしょう。

わからないことというのは、このようにして文章を「わかる」ように図や表などにして表現しなおすことができない、ということなのです。そして、わからない部分をその場で解決していきます。参考書などから拾ってくればよいのです。

こうして「わからない」ことを一つひとつ、具体的な小さな問題で解消していく。それを知識を補いつつやります。一つひとつ「わかった」と本人が腑に落ちることが大変重要なのです。

ペース配分はプロに聞く　小問攻略で弱点を克服

そんなやり方で間に合うのかという点ですが、それでは「どんなペースで」という、もうひとつの問題を解決しておきましょう。

「どんなペース」で弱点を補強するか。ここはひとつ、プロの手を借りたいものです。なぜかというと、目標校や実力相当校の出題傾向で判断する必要があるからです。

分野や問い方にその学校の特徴がありますので、その分野のこの種の出題はない、逆にここが重要だ、という判断がないと、いくら時間があっても足りません。

プロの手を借りるのは出題傾向ともうひとつ、解答レベルです。

記述問題などが多くでる学校については、ここはかなり重要です。

多くの模範解答例は模範であって、かならずしも小学生の答案レベルを代表してはいないのです。これでいいんだ、という自身の解答への肯定感を育むことが大切です。

これは、プロでなくても親の判断で過去の入試資料を集めて考えればできないことではありません。熱意と根気があれば大丈夫です。

しかし、それはそれとして玄人の判断もお聞きになると、やはり時間の節約になります。

こうした１００日の成果を目に見える表にして○をつけるなど記録し掲示します。

たとえば正答率が上昇した、などプラスがあれば書きだす。これを、ぜひやってほしいのです。このような小問攻略——筆者はこれをマイクロラーニングと名づけていますが——を糧に、記録をつけて一つひとつ達成感を高めていくことが、追い込みで重要な「できるを増やす」ということだと思います。

最後の１００日を親子でつくりあげていくこと自体が、なにごとにも代え難い協同学習となります。

学校選択のポイントは「ご家庭がなにを重視するか」

安田教育研究所　代表　安田 理

保護者として なにを重要と考えるのか

保護者に調査すると、一般的には「大学合格実績」「通学の便」「偏差値」の3つが学校選択で重視している要素としてあがります。

近年お父さんが熱心に受験にかかわるようになっていますが、お父さんのなかには、「その学校を訪れた数時間でなにがわかるというのか。校風で選べとはよく言われるが、これは無責任かつ非科学的だ。客観的な偏差値や大学合格実績で選択することこそが合理的だ」とおっしゃる人が少なからずいます。自分の主観ではなく、客観的な材料で選んだ方がまちがいがないというわけです。

しかし、こうした客観的な要素で選ぶのだったらリビングのテーブルでもできます。ではなぜ多くの学校説明会に足を運ぶのでしょう。

「うちの子はここで充実した6年間を過ごせるかどうか」、また、「わが子にこう生きてほしいと考えている生き方に合った教育方針なのかどうか」…。そうした、わが子に照らしあわせてふさわしいかどうか判断するためではないでしょうか。

偏差値が高い、難関大学への合格者数が多いということではベストな学校が、かならずしもわが子にとっては楽しく充実した生活が送れる学校であるとはかぎらないからです。

保護者がわが子の成長になにが大切なのかを考えることで、客観的な材料とはちがう側面、異なる顔が見えてくることが多いのです。

学校は「自動車教習所」ではない

私は仕事柄、学校のパンフをよく見ます。一昔前のパンフと比べて際立ってちがう点は、スパイラルで学力が向上していくことをしめすような図解、大学合格実績が向上していることをしめす棒グラフ…そういったものが多くなっていることです。

またここ1、2年顕著なのが、カタカナ用語が非常に増えていることです。グローバル教育、アクティブラーニング、ICT授業、PBL型、PIL型…あげていくときりがありません。

それに加えて、大学選択の「実学志向」、経済界からの「一部のトップ校を除いて、大学は職業訓練型へ転換すべき」という提言の影響もあるのでしょう、わが子にコミュニケーション能力、論理的思考力、プレゼンテーションスキル…といったスキル、リテラシーをつけてほしいと願う保護者が増えています。そのためそうした表現がパンフにでていない伝統校、宗教系が選ばれなくなっている傾向が見られます。

しかし、学校は「自動車教習所」ではありません。音楽、美術、体育、技術家庭すべてを学ばせることで、ひとりの人間をまるごと育てる、そうした場であると思うのです。

これらのスキル、リテラシーが必

安田教育研究所
代表　安田 理

やすだ・おさむ　安田教育研究所代表。東京都生まれ。早稲田大学卒業後、学習研究社入社。雑誌の編集長を務めた後、受験情報誌・教育書籍の企画・編集にあたる。退職後の2002年安田教育研究所を設立。講演・執筆・情報発信、セミナーの開催、コンサルティングなど幅広く活躍中。

要がないと言っているのではありません。
人間は、日光と水で育つ植物ではありません。複雑な生き物であるだけに多種多様な栄養素が必要であることを押さえておいていただきたいのです。

「グローバル化」はご家庭から

もうひとつ気になっていることをお話ししましょう。新聞でも雑誌でも「グローバル」という言葉を目にしない日はありません。中学入試でも「グローバル」を謳うコースを設置する学校が急増しています。

保護者も、「わが子には世界のどこに行っても通用する人間になってほしい」と願っているので、「グローバル教育」を強く打ちだしている学校の人気は高いものがあります。

「使える英語教育」「いっさい日本語使用禁止の施設」「豊富な海外との交流」「ネイティブ教員が多数所属」…。そうしたことがパンフでも強調され、年々学校選択の重要な要素にもなっています。

その一方、「海外なんてうちには関係ない」と考えている保護者、「ローカルでいつまでも親子いっしょに暮らしていけることこそベスト」と思っている保護者、英語力をつけさせようと躍起になったためにかえって英語嫌いになった生徒…。そうした存在も多数います。

私はこの夏、台湾の私立中高一貫校、国立・私立の大学を5校ほど見学し、日本の文部科学省にあたる教育部とも懇談の機会を持ちました（私は英語も中国語もできないので、通訳をつうじた表面的な理解でしかありませんでしたが…）。そうしたなかで、開南大学というところでは、国際経済が専門の副学長によるサマーキャンプに来ていた日本の高校生向けの講演を聴きました。

「グローバル化を心配するのではなく、チャンス到来ととらえよう。即成の観念を越えてチャレンジしよう。その一方確かにリスクはある。それに備えるには、国際的な人的ネットワークを持つこと、国際的な組織に属することがリスクを軽減する道だ」といった趣旨の話でした。

日本の高校生にとっては、これまでの枠組みのなかだけではなく、広い視野で自分の人生（進路）を考えるきっかけになったように思います。

講演を聴きながら同時に思ったことは、なにも海外にでなくても、国内にいても、これまでの枠組み、物差しを越えて生き方を考えることが「グローバル化」なのではないか、ということです。

今度のお子さんの受験を機会に、これまでの世間的物差し、客観的材料を越えて学校を選択すること、そしてなによりお子さんにチャレンジする精神を養うこと、それをめざしていただきたいと思います。

それこそが各ご家庭の「グローバル化」につながるのだと思います。

受験まであと100日 親と子の過ごし方

産経新聞編集委員　大野 敏明

　来年の私立中学校の入学試験解禁まで、あと100日。

　あと100日しかないと考えることもできますが、まだ100日あると考えることもできます。ラストの100日をどう過ごすかが入試の成否を決める、といっても過言ではありません。これまであまり本気で勉強をしていなかった受験生がラストスパートをかけて、合格ラインに滑りこむ最後のチャンスでもありますし、これまでの成績に満足していていると、ゴール直前で抜かれてしまうこともありえるのです。最後の100日は、これまでの100日よりも、ずっと大事で貴重です。そこで、あと100日、親と子はどう過ごしたらいいかを考えてみました。

生活はいつもどおりに

　生活はいつもどおりにすることです。あと100日になったからといって、特別なことをする必要はありません。これまで、学校に行き、授業を受け、友人と遊び、塾に行き、自宅で学習するという生活をしてきたと思います。そのいつもどおりの生活をつづけることです。それは、自分になじんだこれまでのペース、リズムを大事にするということです。ただ、友人と遊ぶ時間は減らさなくてはならないかもしれません。

　あと100日となると、焦りがでます。なにか特別なことをしないといけないのではないかという気持ちになるのもわかります。登校日を減らして自宅学習を増やしたり、睡眠時間を削って夜遅くまで勉強したりする話を聞きますが、逆効果だと思います。生活のリズムを崩して、逆にいつもどおりの勉強ができなくなる可能性があります。

　生活のリズムが狂えば、伸びるはずの能力が伸びなくなります。体力的にも消耗し、精神的に混乱し、根気を失ったり、やる気をなくしたりすることにもつながりかねません。無理をしないことが大切です。

　保護者としては、受験生を特別あつかいすることも避けたいと思います。食事などでも、「〇〇ちゃんは受験だから」などと、他の家族とはちがうメニューにしたり、よい点をとったからなどといって、特別に外食したりする家庭があると聞きますが、感心しません。とくに兄弟がいる場合、受験生だけに好物を与えたりすると、他の兄弟への悪影響ももちろんですが、受験生を追いこんだり、逆に受験生を高慢にしてしまいかねません。それは受験生の人生にもよい影響を与えません。家族で受験生を励まし、親子、兄弟のきずなを深めるような受験態勢にできればベストです。そのためにも受験生を特別あつかいせず、ふだんどおりに温かく見守ることが大切です。

ペースを維持し復習に重点を

　つぎに勉強のことです。勉強も生

産経新聞編集委員
大野 敏明
おおの・としあき　産経新聞編集委員。東京都生まれ。学習院大学卒業。『フジサンケイ　ビジネスアイ』に「がんばれ中学受験」と題して24回の連載記事を執筆。自身も男児ふたりの中学受験に寄り添った経験を持つ。

活と同じように、特別なことはしない方がよいと思います。よく、成績が伸びないからとか、苦手を克服するためとかの理由で、塾を替えたり、新しい参考書にしたり、新しい問題集をやらせたりする家庭がありますが、やめた方がいいでしょう。

受験生が通っている塾では受験日に向けて、勉強のスケジュールを立てているはずです。スケジュールは希望校合格への最短の道をしめしているはずです。保護者が新たなことをやらせると、ペースも乱れますが、受験生は混乱し、過重な負担をかけてしまうことになります。

これまで多くの勉強をしてきたわけですが、あと、100日をきると、5年生のときにやったはずの分野を忘れてしまうこともあります。そこに新しいものを持ちこんでも混乱するだけです。むしろ、復習に重点を置いたり、過去問をやるなどして記憶を維持することが必要です。新しいものを詰めこむよりも、覚えたことを忘れないようにすることが大事です。とくに最後の1カ月は、復習に重点を置いた勉強を心がけることをおすすめします。

過去問についていうと、第1志望なら過去5年ぶん以上をやることをおすすめします。解答用紙は実物と同じ大きさにコピーし、時間もきちっと決めて、本番同様にやってみてはいかがでしょう。

そして、どうしても苦手な分野は、思いきって捨ててしまうことです。入試は満点でなければ合格できないということはありません。すべての問題を完璧にできる受験生など存在しません。要は合格点に達すればいいのです。克服できない不得手分野にこだわらず、残りの分野で万全を期すという考えもありえます。

なんといっても健康第一

なんといっても健康第一です。どんなに勉強しても、健康を損ねては、成功はおぼつきません。受験の季節は風邪、インフルエンザのはやる季節でもあります。受験当日や受験直前もそうですが、それ以前でも風邪などを引くと、そのぶん、勉強時間が削られますし、塾のスケジュールからも外れてしまいます。日ごろから、人が集まる場所にはなるべく行かないことです。学校でインフルエンザがはやっていたら、学校を休む。とにかく、健康第一です。塾に行くのに電車やバスを利用する場合は、かならずマスクをし、受験の2週間前くらいからは、学校でもマスクをするくらいの用心深さが必要です。

早寝、早起き、手洗い、うがい、いつも言われることですが、生活のリズム、栄養のある食事、ふだんどおりの生活、無理をせず、健康を維持してこそ、ベストコンディションで受験にのぞめるのです。

保護者のみなさん、受験生のみなさん、もうちょっとの辛抱です。がんばってください。

田園調布学園中等部・高等部

グローバル社会に必須の力「21世紀型スキル」

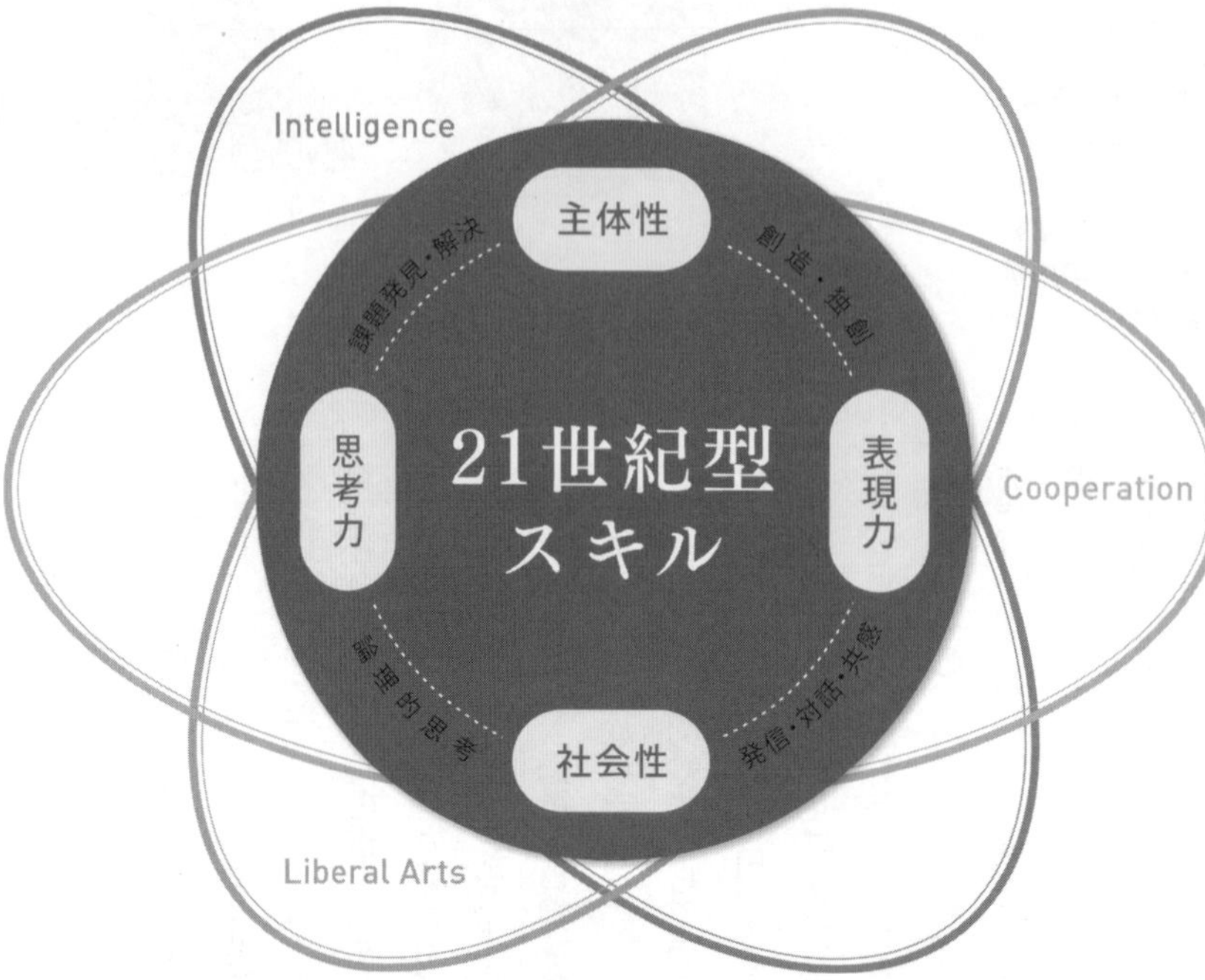

グローバル社会に貢献する人格の“根っこ”を育て、豊かな人生を創る力を磨く、田園調布学園の「21世紀型スキル」。思考力・表現力という2つの能力と、主体性・社会性の2つの態度を融合させ未来へつなぐこのスキルを、協同探求型授業、土曜プログラム、学習体験旅行などのあらゆる教育活動を通して培います。出会う対象に関心を向けて、課題を発見・考察し、独創性を持って発信する術を習得した生徒たちは、どのライフステージに立っても課題解決力を発揮し、社会を活気づけていくことでしょう。

http://www.chofu.ed.jp

〒158-8512 東京都世田谷区東玉川2-21-8 Tel.03-3727-6121 Fax.03-3727-2984
＊東急東横線・目黒線「田園調布」駅下車 ›› 徒歩8分 ＊東急池上線「雪が谷大塚」駅下車 ›› 徒歩10分

学校説明会

10月22日(木) 10:00～11:30
11月 6 日(金) 19:30～21:00 (予約制)
11月21日(土) 13:00～14:30

入試直前学校説明会【6年生対象】

12月 5 日(土) 10:00～11:30 ＊入試体験
12月11日(金) 19:30～21:00 (予約制)
1 月13日(水) 19:30～21:00 (予約制)

公開行事

なでしこ祭 9 月26日(土) 9:30～
9 月27日(日) 9:00～
体育祭 10月10日(土) 9:00～
定期音楽会 1 月26日(火) 12:30～

土曜プログラム見学会

9月19日・10月 3 日・11月 7 日
10:15～11:15 (予約制)
＊各回、定員に達しましたら、受付を終了いたします。

オープンスクール

10月22日(木)・11月6日(金)・11月21日(土)

中等部入試

	第1回	第2回	第3回	海外帰国子女
試験日	2月1日	2月2日	2月4日	12月19日
募集定員	100名	70名	30名	若干名
試験科目	4 科・面接			2 科(算・国) 面接

＊予定は変更となることもありますので詳細はＨＰにてご確認下さい。

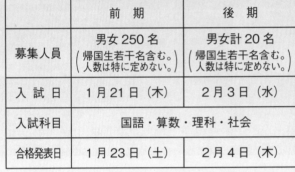

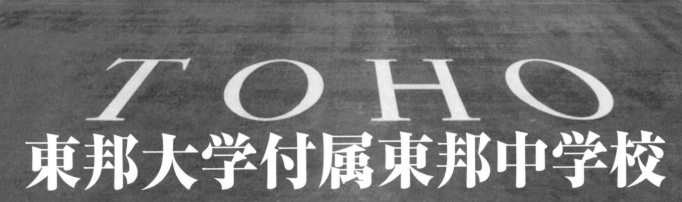

安田学園中学校

中高6ヵ年の学習システム

「学校完結型」の学習環境

安田学園中学校は、「先進コース」と「総合コース（※3年生からは成績に応じて「特英コース」に一部わかれます）」の2コース制で中高6ヵ年一貫教育を行っています。

この2コースに共通するのが、双方向型授業やグループワーク等で考える時間を増やし、主体的・能動的な学びを引き出す授業、教科融合型の課題に取り組み、思考力・判断力・表現力を高める授業など、「自ら考え学ぶ授業」を6ヵ年一貫教育の柱として行っていることです。そして、この「考え学ぶ授業」を車の両輪のように根本から支えているのが、安田学園独自の「学び力伸長システム」と「進学力伸長システム」の2つの学習システムです。この2つの学習システムを効果的に継続することで、学校完結型といわれる学習環境を生徒一人ひとりに提供することができます。次では、この2つの学習システムについて詳しくご紹介します。

学び力伸長システム

「学び力伸長システム」は、学ぶことの楽しさを知り、自分に合った学習法を確立させることを目標に、1年生から5年生（高校2年）の2学期まで導入しています。

このシステムで実施される様々な取り組みの1つに、学習法の習慣化を図るために1年生から3年生で行われる「学習法体得授業」があります。この授業では、英語と数学をそれぞれ2時間連続で設定し、その授業の中で「予習⇩授業⇩復習」の学習サイクルを自ら確認・実践し、教員から適切なアドバイスを受けることで自分に最も合った学習法を確立させていきます。そして4年生では、集大成として3泊4日の独習をやり続ける「学習合宿」が実施され、自学力を高度に磨き上げます。また、基礎学力を確認し定着させるための「習熟度チェックテスト」を朝15分間、英語と数学で週2日ずつ実施します。チェックテストの結果、放課後補習が必要な生徒には、「なぜ不十分だったのか」を教員が一緒に考えて、その生徒に合った学習法の改善を図ります。

安田学園では、中学課程の英語・国語・数学が3年生の1学期までにすべて終了するため、7月に中学課程の総まとめとして「集大成テスト」を実施します。生徒は、早い段階から「集大成テスト」に向けて計画的に中学課程の総復習を繰り返し行いながら集大成テストに臨むため、「わかる」だけでなく「できる」まで行う学習法を身につけることができます。

進学力伸長システム

5年生の2学期までに「学び力伸長システム」で定着した学習法と基礎学力を確かな進学力へと転化させるために、5年生の3学期から国立大学の2次試験直前まで「進学力伸長システム」を実施します。

このシステムでまず行われる作業は、「生徒が目標大学に合格するためには平常授業・講習・演習をどのように効果的・効率的に構成したらよいか」を、各担任を中心として教員全員で検討し、生徒一人ひとりに年間ビジョンとして示すことです。生徒はそのビジョンをもとに自己学習の計画をたて、進路実現に向けた学習に取り組みます。

5年生の3学期からは放課後進学講座がスタートし、5年生の3月と6年生の7月に行われる進学合宿（3泊4日）、100講座以上設定される夏期講習、センター模試演習講座を経て、国立大2次直前演習講座まで、塾や予備校に頼らずに、学内で大学受験までのすべての学習を行います。このように、安田学園では、生徒一人ひとりの第一志望大学合格を実現させるために、様々な取り組みを行っています。

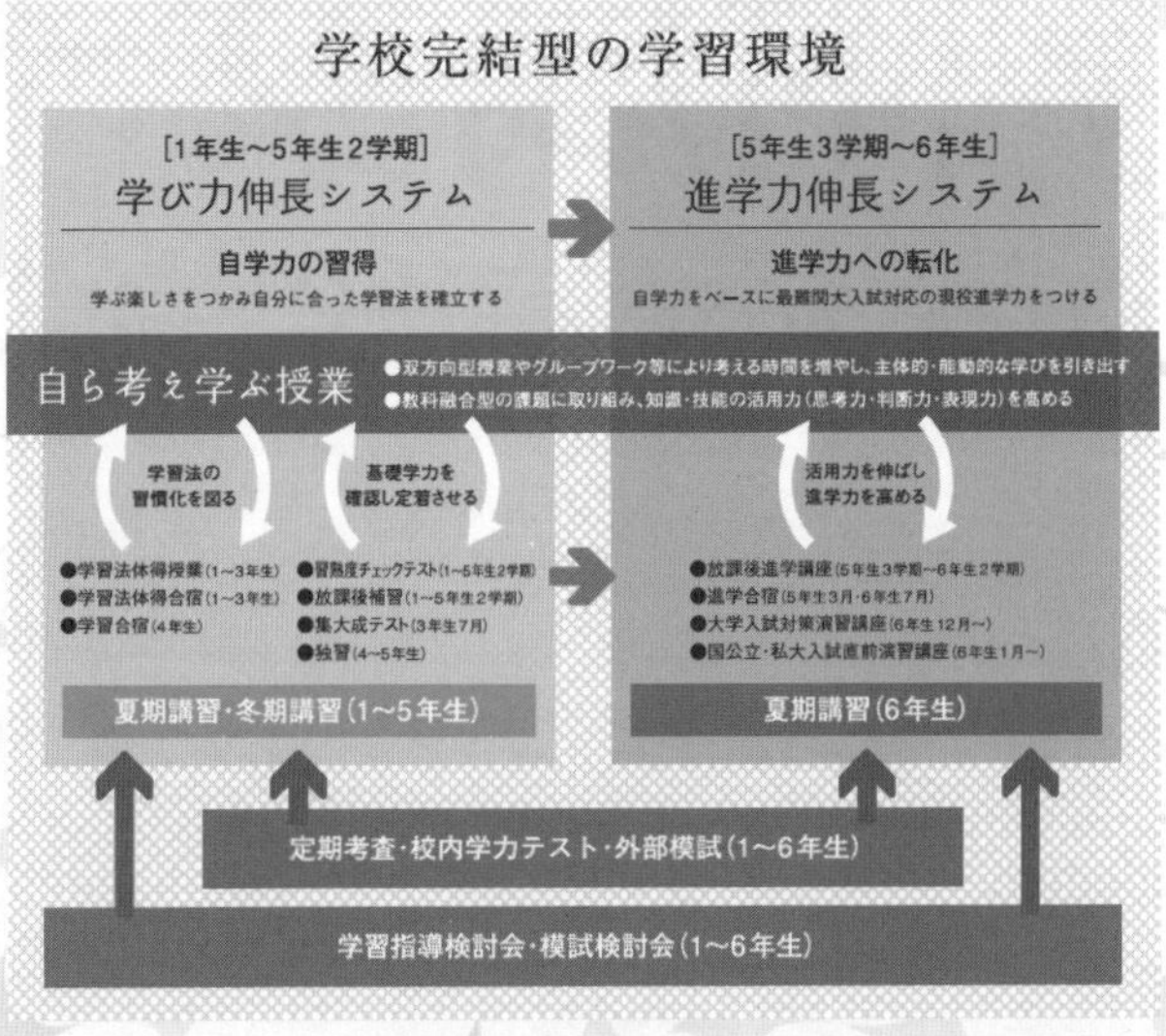

学校完結型の学習環境
[1年生～5年生2学期]
学び力伸長システム
自学力の習得
学ぶ楽しさをつかみ自分に合った学習法を確立する
[5年生3学期～6年生]
進学力伸長システム
進学力への転化
自学力をベースに最難関大入試対応の現役進学力をつける
自ら考え学ぶ授業
●双方向型授業やグループワーク等により考える時間を増やし、主体的・能動的な学びを引き出す
●教科融合型の課題に取り組み、知識・技能の活用力（思考力・判断力・表現力）を高める
学習法の習慣化を図る
基礎学力を確認し定着させる
活用力を伸ばし進学力を高める
●学習法体得授業（1～3年生）
●学習法体得合宿（1～3年生）
●学習合宿（4年生）
●習熟度チェックテスト（1～5年生2学期）
●放課後補習（1～5年生2学期）
●集大成テスト（3年生7月）
●独習（4～5年生）
●放課後進学講座（5年生3学期～6年生2学期）
●進学合宿（5年生3月・6年生7月）
●大学入試対策演習講座（6年生12月～）
●国公立・私大入試直前演習講座（6年生1月～）
夏期講習・冬期講習（1～5年生）
夏期講習（6年生）
定期考査・校内学力テスト・外部模試（1～6年生）
学習指導検討会・模試検討会（1～6年生）

この学校完結型教育について、広報本部長の金子直久先生は、「学校完結型の教育では、生徒をよく理解している先生が授業・講習・相談までを一貫して行うことができます。これは生徒にとっては効果的かつ効率的で、質問や相談もしやすく、学校としてあるべき学習指導・進路指導だと思います」と自信を持って話してくれました。

2年目を迎えた男女共学

昨年度（2014年度）、共学をスタートした安田学園中学校。今年度は、男子88名、女子45名の2期生を迎え、新中学棟には昨年以上に明るく元気な声が響き渡っています。

金子先生は、「女子生徒は、授業はもちろん生徒会活動、安田祭（文化祭）、体育祭などにも積極的に参加してくれていますので、学園全体が共学前よりもとても活気にあふれています。前身が男子校のため、女子生徒の対応に少し戸惑いがあった教員も、共学2年目に入り、すっかり慣れた様子で授業や学校行事に取り組んでいます。また、女性教員も全体の約3割に増えていますし、共学とほぼ同時に完成した新中学棟は、明るく開放的な作りとなっていますので、伸びのびと学園生活を送れる環境が整っています」と、楽しそうに話して頂いたのが印象的でした。

来年度（平成28年度）の新入生を迎えて中学の共学化が完了します。3年前に始まった学校改革が、確実に成果として現れている安田学園中学校・高等学校。3年後に卒業する一貫生の大学進学実績が非常に楽しみです。

安田学園中学校

http://yasuda.ed.jp/
〒130-8615
東京都墨田区横網2-2-25
TEL 03-3624-2666

■学校説明会（予約不要）
9/12（土）14:30　※クラブ体験あり（要予約）
10/24（土）14:30　※クラブ体験あり（要予約）
11/ 8（日） 9:30
12/19（土）10:00　※入試解説あり
1/ 9（土）14:30　※入試直前対策あり

■入試体験（要予約）
11/ 8（日） 9:30

■安田祭
10/31（土）・11/ 1（日）　※個別相談あり

東京家政大学附属女子
中学校・高等学校

Plans 25 ans

未来への階段。

中学学校説明会

第2回
9月19日(土) 学校紹介・体験プログラム
14:00〜16:00

第3回
10月11日(日) 2016年度入試について
10:00〜12:00

第4回
11月14日(土) 授業見学・施設見学
10:00〜12:00

第5回
12月5日(土) 入試体験と解説
14:00〜16:00 ★入試体験のみ予約制

第6回
1月9日(土) 入試直前アドバイス
14:00〜16:00

第7回
1月23日(土) 入試アドバイス(願書の受付)
14:00〜15:30

ナイト説明会
9月30日(水) 19:00〜20:30

緑苑祭(文化祭)
10月24日(土)・25日(日) 10:00〜16:00
※入試個別相談会同時開催

スクールランチ試食会
11月22日(日) 11:00〜12:30

- ●埼京線「十条駅」徒歩5分
- ●都営三田線「新板橋駅」徒歩12分
- ●京浜東北線「東十条駅」徒歩13分
- ●東武東上線「下板橋駅」徒歩15分
- ●埼玉高速鉄道・南北線「王子駅」よりバス8分

※各行事の開始時刻までにお越しください(文化祭は除く)。
※学校説明会終了後に個別相談を実施します。
※上記日程以外で見学・個別相談をご希望の方はお問い合わせください。

〒173-8602 東京都板橋区加賀1-18-1 入試広報部☎03-3961-0748 http://www.tokyo-kasei.ed.jp

学びの先端へ。

学園の教育理念「人格を尊重しよう」「平和を心につちかおう」を学園モットーに、
一人ひとりの発想力、創造力、コミュニケーション能力、活用力を育成し、
これからのグローバル社会の中で活躍できる、
人間の育成をめざします。

〈男女共学〉

東大・医進クラス〈2016年度新設〉
一貫特進クラス

八王子中学校イノベーション!

【新ビジョン】

- 課題解決型授業の導入で実践的思考を育てます。
- 少人数で行う探究ゼミ活動で知的好奇心を育てます。
- 英会話能力を育て中2までに英検3級、中3までに英検準2級を取得。
  英語で発信できる力を育てます。
- アクティブ・ラーニングとタブレット活用で Out put 能力を育てます。
- 個性に応じた学びで高い進路目標を実現します。

八王子学園
八王子中学校
八王子高等学校
Hachioji Junior & Senior High School

〒193-0931 東京都八王子市台町 4-35-1　Tel.042-623-3461（代）
URL http://www.hachioji.ed.jp　E-mail info@hachioji.ed.jp
JR 中央線［西八王子駅］から徒歩 5 分

●説明会日程

保護者対象 Premium 説明会	9 月 17 日	（木）	10:00~11:30
小学生対象八学祭ツアー&説明会	9 月 26 日	（土）	10:00~11:30
第 3 回オープンキャンパス&新構想説明会	10 月 3 日	（土）	10:00~11:30

※説明会は本校 HPにて完全予約制です。
※詳しい学校紹介は HP 又は学校案内をご覧ください。

学園祭開催　9/26（土）・9/27（日）

日本大学第二中学校

おおらかで明るい校風

来年度（平成28年度）、創立90周年を迎える日本大学第二中学校・高等学校。これまでの卒業生は4万1000名を超え、実業・芸術・政治・スポーツなどさまざまな分野に多彩な人材を輩出しています。

銀杏並木

創立90周年！ 教育環境の整備と充実を図る

杉並の閑静な住宅街に、4万㎡を超す緑豊かな敷地を持つ日本大学第二中学校・高等学校。正門をくぐると、正面に高くそびえたつ42本の銀杏並木が生徒を出迎えてくれます。杉並百景にも選ばれたこの銀杏並木は、学園創立時に植樹されたもので、約90年に渡り、毎日生徒たちの安全を見守り続けています。

来年度、創立90周年を迎えるにあたり、記念事業の一環として、昨年3月に銀杏並木の東側に、1週322mの4コースウレタントラックを有した人工芝グラウンドが完成しました。さらに今秋には、正門を入ったすぐ東側に、地上4階・地下1階の新中学棟と地上2階の図書館棟が完成します。

また、この工事の終了に伴い、正門を現在よりも東側に移し、現在の正門から銀杏並木までを一直線のプロムナードとし、さらに快適な教育環境が整備されます

ゆとりを持った学習の流れ

日本大学の建学の精神である「自主創造」のもと、日大二中では生徒自らが目標進路を切り開いていけるよう、学園一体となった〝子育ち支援〟を行っています。その学習の流れや校風などについて、広報室長の中島正生先生に伺いました。

「中学では、特進コース・進学コースなどのコース制は取っておらず、高校の学習内容の一部を中学校で終了する、いわゆる先取り学習や習熟度別授業などは行っていません。また、英語やサイエンスなど特定の科目に特化することなく、主要5教科をバランスよく学習し、基礎基本の徹底を心掛けています。高校では他の中学校から入学してくる生徒と混在したクラス編成を行っていますが、これは、生徒たちに多様な価値観を認め、理解して欲しいからです。

少し古いと言われるかもしれませんが、中高の6年間は、いろいろな人と出逢い、勉強だけでなく部活動や学校行事に積極的に参加していろんなことを体験して頂きたいと考えています。それによって、温かみと思いやりあふれる一人の人間として大きく成長して欲しいと願っています。このような学校の考え方や学習の流れが関係しているのか、本校は、伝統的に、明るく、おおらかな生徒が多いのではないかと感じています」と話して頂きました。

日本大学第二中学校

〒167-0032
東京都杉並区天沼1-45-33
TEL. 03-3391-5739
http://www.nichidai2.ac.jp

学校説明会 予約不要
第3回 11月14日(土)14:00～16:00
※入試要項配布、クラブ見学・施設見学可
第4回 1月9日(土)14:00～16:00
※入試要項配布、クラブ見学・施設見学可

女子栄養大学と連携した食育

日大二中は、知・徳・体・食のバランスのとれた人間作りを目指しており、特に「食」に関しては、16年前から女子栄養大学の研究室と連携し、春の健康診断に合わせて「食生活と中高生の身体状況」のアンケート調査と体脂肪・骨量（ステフネス）などの調査を実施しています。

この提携について中島先生は、「この女子栄養大学の研究室は、箱根駅伝に出場する大学の栄養サポートなども行っているプロフェッショナル集団なので、大変信頼のおける調査結果だと思っています。春の健康診断時には、50名ほどのスタッフが調査に訪れてくれますし、調査結果については、生徒一人ひとりにフィードバックされるため、ご家庭の食に係わる健康意識が年々と高まっています。特に、中学生はお弁当持参なので、自分の子どもに不足している栄養素は何かが分かるため、お弁当の献立を考えるときに役立っているようですね」と話して頂きました。

この調査によると、日大二中の女子は中学2年で、男子は中学3年で、既に男女各成人の平均値を上回っているそうです。

生徒が自ら考え決める進路

日大二中高は、「自らが生き方を考え、主体的に進路を選択する」力を養うため、日本大学付属校としてのメリットを生かした中高大連携の体験型行事を行っています。

例えば、中2で行う日本大学理系学部見学では、都内の文理学部や習志野市にある理工学部や生産工学部を訪れ、最先端の技術や研究に触れます。中3では日本大学法学部を訪れ、生徒たち自らが裁判員と裁判官に分かれ、模擬裁判員裁判を体験します。そして高校では、学部学科研究など様々なきめ細かい進路指導が行われ、最終的に生徒は自分の意思で進路を決定します。

日本大学への内部推薦制度がある中、日本大学へ進学する生徒は毎年約3割、残りの約7割の生徒は他難関大学への進学を目指します。また、理系選択者が多いのも日大二中高の特徴の一つとなっています。

明るく、おおらかな校風のもと、中高6年間を、授業・部活動・学校行事に懸命に取り組み、その結果を真摯に受けとめて次に活かす、そのような生徒の姿勢を大切にする日本大学第二中学校です。

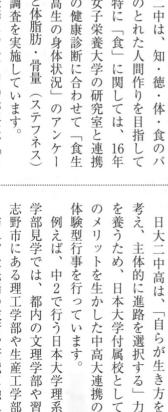

過去問演習 ここがポイント!

48ページでも触れていますが、受験勉強において過去問の演習は欠かすことのできないものです。過去問演習を効果的に行うことで、合格が近づいてきます。

入試問題にこめられているメッセージとは

「過去問」とは、一般的にこれまでに出題された入試問題のことを呼びます。その入試問題には、各校から受験生に向けたメッセージが含まれています。入試問題は、入学者を選ぶために出題されていることにまちがいはありませんが、それだけではなく、「新1年生には、こうした文章の内容を理解できる生徒であってほしい」といったイメージをもとに、各校は入試問題を作成している面があります。

入試問題にこめられているそうしたメッセージを読み解き、受けとめることで、その学校をより身近に感じることができれば、それが「モチベーション」にもなるでしょう。

過去問演習をとおして相手を知り、実力をつける

過去問演習の目的のひとつは、「相手を知ること」。つまり、学校ごとの問題の特徴や傾向を知るということです。

志望校として選択肢に入った学校の過去問は、早い段階で実際に1年ぶんを解いてみましょう。問題に真剣に向きあうことによって、なんとなく眺めただけではわからない情報が見えてきます。

そして、各校の特徴・傾向を見極めるとなると、塾の先生や保護者の出番です。出題傾向に関しては、過去問1年ぶんだけでは判断できません。出題の傾向や特徴を把握したうえで、つぎにどうするかという方針を立てるためにも、解いた問題と答案を持って、保護者が塾の先生に相談し、これからどんな勉強をしていくべきか、アドバイスをもらいましょう。

この時期から実力はまだまだ伸びます。そんなタイミングで過去問演習を行う目的のふたつ目が、「実力をつけること」です。

「実力」というのは簡単に説明できるものではありませんが、ここでは、入試本番で求められていることに答える力、と定義します。

過去問は文字どおり過去に入試問題として出題された問題です。その点において、単元ごとのテストや模擬試験（模試）とは別物です。単元ごとのテストであれば、どんな問題がでそうかという予想もでき、解法も導きやすいですが、過去問ではそうはいきません。

単元ごとのテストでは点数が取れていたのに、過去問で、少しちがった視点からの解き方が求められる問題や、複数の単元の考え方を組みあわせなければならない問題が出題されていると、点数が伸びないということもあるでしょう。出題された問題が、なにを問うていて、それに対してどう答えればいいのか、ということを判断する力も含めて実力です。

過去問を解き始めたころは、思うようにいかず、もどかしい思いをすることもあるでしょう。そうした思いを経験してこそ、実力は身についていきます。ですから、過去問は解いたままにせず、なにができるようになっていて、なにができていないのか？　できないことを克服するにはなにが必要か？　といったことをきちんと振り返っていくことで、過去問演習が意味のあるものになっていきます。

満点を取る必要はない

過去問でどのくらいの点数が取れれば、その学校に合格できるのかという点は気になるところですが、合格ラインに到達するために必要な点数は学校によって異なり、さらに入

過去問演習ここがポイント!

試日程（回数）によってもちがいます。

　ですから、かならずチェックしておきたいのが、「合格者平均点」と「合格者最低点」です。各教科で合格者最低点をクリアできるようになることが、まず、過去問演習の目標となります。また、すべての教科で合格者平均点を超えてくれば、合格も近づいてくるでしょう。

　過去問演習を始めると、どうしても不足している部分が気になってしまいがちです。できるだけ満点に近づきたいというようにも考えてしまうでしょう。しかし、入学試験は、満点が求められる試験ではありません。高い目標を持つのはけっして悪いことではありませんが、「合格に必要な点数」に対して、自分がどこまで到達できているのか、という視点を持つことを意識しましょう。

　また、点数が思うように取れないときは、それを理由に「この学校の問題とは相性がよくない」と判断してしまう前に、過去問演習の結果をもう少し分析してみましょう。たとえば、「この学校では算数で苦手な図形に関する問題が多く出題されているから点数が伸びていない」などといった要因をまずは見極め、そのうえで、「なにができるようになれば点数が伸びるのか」と前向きに考えていくことが必要です。

生活習慣は学習と大きなつながりがある

　日々の生活習慣と学習にも大きなつながりがあります。過去問演習でミスをしたり時間が足りなくなったりしても、本人は気にしていない、どうすればいいのかと悩む保護者のかたもいらっしゃるのではないでしょうか。

　そのような受験生は、学習の場面だけでなく、じつは日ごろの生活においても、「他人任せ」になっていることが多々あります。

　なにかと周りの人にしてもらうことに慣れてしまっているため、「自分で解決しなければ」という意識があまりないのです。忘れものをしても気にならないのは、だれか（保護者のかたなど）がなんとかしてくれると思っているからです。そうした考えは学習にも表れるため、ケアレスミスや時間切れも、「自分の問題ではない」から気になりません。

　これが幼少期からの積み重ねである場合は、一朝一夕に解決できるものではありませんが、これを好機として、「自分でできることは自分で解決する」という姿勢を、生活のなかから身につけるようにしてみてはいかがでしょうか。その方が、「ミスをするな」、「時間を意識しなさい」と言いつづけるよりも、効果があるかもしれません。

Check Point

- 入試問題には学校からのメッセージがこめられている。
- 過去問演習は「相手を知ること」と「実力をつけること」が目的。
- 入試本番になれば、自分ひとりの力で問題を解かなければならないことを忘れずに。

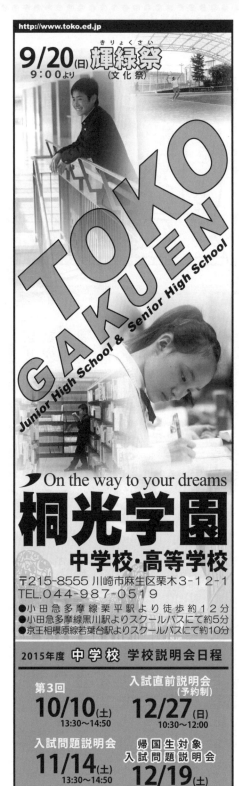

Fight!
受験まであと100日

国語 過去問演習ここがポイント！

まずは問題を読みきれるようにしよう

国語だけではありませんが、近年、入試問題の情報量は増加傾向にあります。過去問演習をつうじて身につけたいことのひとつが、短時間で一定量の文章を読みきる力です。

国語の入試問題によく見られる文学的文章（物語文、随筆など）1題＋説明的文章（説明文、論説文など）1題（これに、独立した知識問題がつくことも）という形式は、答えを書くための時間も考えると、かなりの読むスピードが求められています。その速度が遅いと、それだけで大きな不利になってしまいます。

これをふまえて、まず、制限時間内に文章を読んで解答するという一連の作業が全部終了するかどうかをチェックしてみましょう。読むのが遅い、苦手と感じている場合には、志望校以外の過去問も活用しながら、どのくらいの時間で本文を読みきることができるのかを計りましょう。

どうしても読み終わらないというときは、問題文中の意味のよくわからないところを何度も繰り返して読んでいたり、ぼんやり読んでいて文字が頭に入っていない、ということがないかどうかを確認してください。

また、設問をさきに読んで、関係するところの本文を読むという方法がありますが、これが通用するのは、ごく一部の問題にかぎられるため、あまり効率的とは言えないでしょう。本文の内容がわからないのに、設問内容を的確に理解できるというのは考えにくいことです。

加えて、設問をさきに読むと、どうしてもすぐに解答を書きたくなるものです。本文の内容をわかっていないのに問いに答えようとしているわけですから、答えられないのは当然です。それでも答えようとすると、どうしても推測や思いこみが入ってしまうため、結果、見当はずれの答えになってしまいます。

「復習ノート」が有効

過去問演習は、答え合わせで終わりではありません。その後の復習をしっかりと行うことが大切です。その際に、自分がどのように考えたのか、を残す「復習ノート」をつくるのもよい手段です。

国語の復習ノートをつくる際のポイントは、まちがえた問題や、わかっているかどうかがあいまいで正解できなかった問題について、解答や解説を読んだり、または、塾の先生などの説明を聞きながら、どうしてそうした答えになるのかを、「自分の言葉で書き記しておく」ことです。

選択問題であれば、どうしてその選択肢を選んだのかという根拠にあたる部分が、本文のどこに書かれているのか（あるいは本文のどこに反するのか）といったことを、自分が理解しているとおりに書きましょう。

また、条件のある記述問題はもちろんのこと、自由記述の問題であっても、絶対に書かなければならないキーワードがあるはずです。復習ノートには、そのキーワードはなにで、なぜそれがキーワードになるのかを書いておきましょう。

そして、同じ問題を繰り返して学習することも大切です。同じ文章を何度も読むことで、その文章に対する理解が深まり、その過程で読む力も身についていきます。

記述問題はかならずほかの人に読んでもらおう

記述問題については、塾の先生に（家では保護者のかたに）かならず採点してもらいましょう。自分で書いた文章は、自分の理解に基づいて

過去問演習ここがポイント!

いるため、言葉が足りていなかったとしても、自分で読むと意味がわかってしまい、どうしても採点が甘くなりがちです。ほかの人に読んでもらい、それでも記述内容が相手にじゅうぶん伝わるかどうかをチェックしてもらってください。

　また、自分で書いたものを自分で読み返して、きちんと伝わるかどうかが判別できるようになれば、かなり国語力がついてきたといえます。

　伝わるという点においては、字の読みやすさも大切な要素になります。雑に書かれた字は、どの教科においても不利になる可能性があります。採点者がどれだけ好意的に採点したとしても、字が読めなければ採点対象にはなりません。さらに自分自身も読みまちがって、ミスの原因になる可能性があります。

　ていねいに書くとスピードが遅くなると思うかもしれませんが、実際には、乱雑に書いてもていねいに書いても速さはそんなに変わらないのです。書くスピードをあげるためには、書き写しをおすすめします。1日に長くても200字程度でかまいません。教科書や新聞のコラムなどの良質な文章を書き写してみましょう。このとき、かならず時間を計って記録をつけておきましょう。この方法は漢字の練習にもなります。

文字はていねいに 知識問題は確実に

国語の入試問題においては、文章の内容を読み取る読解問題以外に、漢字の読み書きや文法など、言葉に関する知識問題が出題されます。

　読み書きどちらも、過去問演習のなかでまちがった漢字は、かならずその場で覚えましょう。その際に、ひと手間を惜しまず辞書を使って、意味といっしょに覚えるのが有効です。ただ機械的に繰り返し書くだけではなく、国語辞典の用例（国語辞典は、わかりやすい用例が載っているものを使います）を参考にして、短い例文をいくつかつくり、「使える言葉」にしてしまうと覚えやすくなります。

　使える言葉が増えれば語彙《ごい》が増えます。語彙が増えると、自分の言葉で答えなければならない問題などの記述力の力にもつながります。

　最後に、国語の過去問演習を行う際の注意点として、近年、市販の過去問集に国語の問題文が掲載されていないことがあります。過去問を集めたウェブサイトでも同様です。

　著作権上の問題のためですが、掲載されない場合も、原典がしめされている場合がありますので、該当箇所を読んでおくと、どのような文章が出題されたのかを知ることができます。

Check Point

- 時間内に問題を読みきる力をつけよう。
- 記述問題の解答は、相手に伝わるかどうかが大切。
- 字はていねいに。乱雑に書いてもスピードは変わらない。
- 短文をつくって語彙を増やそう。辞書はこまめに引くべし。

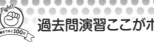

Fight!
受験まであと100日

過去問演習ここが算数ポイント！

「初めて見る問題」にどう取り組めばいいか

算数においては、実際の入試問題を解いてみると、「これは初めて見る問題だ」と感じることがあります。さらに、どの単元を問われているのか、何算を使えばいいのかがわからずに、さきに進めなくなってしまう場合もあります。

それもそのはずで、入試本番でこれは○○算ですよ、これは○○の公式を使ってください、と教えてくれることはありません。加えて、いくつかの単元の要素を組みあわせた問題が出題されることもあるのです。

単元ごとの学習では、たとえば相似を活用する問題だとわかっているからできていたけれど、なにもしめされていないとそれに気づくことができず、問題が解けなくなります。

そして、上位校の入試問題では「初めて見る」問題がでてくる可能性が高まります。

しかし、必要以上に恐れることはありません。初めて見る問題＝難問ではないからです。それに、じつは「初めて見る」わけではないことが大半なのです。

算数の入試問題は、自分がこれまでに培ってきた力をいかに駆使して、目の前の問題を解いていけるかが試されています。問題文は、たいていは合理的でムダがありません。図やグラフも含めて、すべて問題を解く手がかりになっています。

そして、そうした手がかりは、これまでにどこかで学習したことや、その応用です。「見たことがない」と感じても、かならず手がかりは見つかります。ですから、過去問演習で身につけたいのは、この手がかりを見つける粘り強さです。

過去問演習は、「初めて見る」と感じる問題と向きあうチャンスなのです。「彼を知り己を知れば百戦危うからず」とはよく言ったもので、94ページでもお話ししたように、過去問演習をつうじて「彼を知る」、すなわち、自分の志望校の問題の傾向や特徴といったものを見極めていきましょう。

合格に必要な点数を取れることが大切

入試問題には、受験生のほとんどが解けないような問題が出題されることがあります。算数でも、正解率が2割をきるような難問が出題されることもあります。

そうした難問に挑んでみることも大事です。しかし、一定時間考えて、手がかりすら見つからなければ、その問題はおいて、つぎへ進む、ということも大事です。つまり、これはひと筋縄ではいかない、またはきっかけすら見つからない、となったときに、そこにいつまでもとらわれず、別の解けるはずの問題を解くために時間を使うということです。

入試には制限時間がありますから、有効な時間の使い方の判断も求められます。ただし、日ごろの学習から、ちょっと考えてわからなければすぐにやめてしまう、という姿勢がクセにならないように気をつけましょう。それでは、合格ラインのずっと手前で諦めることになってしまいます。

入試問題を解くなかで、「これは自分の力で解ける」という問題を見つけられる力が問われているということでもあります。

計算問題や、単純な1行問題などは、できると判断することが多いと思いますが、大問のなかに、いくつかの小問が含まれている場合、(3)は解けなくても、(1)と(2)なら解ける、という場合はよくあります。

前述したように、大切なことは入試ではすべての問題が解ける（満点

をとる）必要はない、ということです。過去問演習をつうじて、この感覚が身についていれば、解けない問題にぶつかったからといって、あわてたり焦ったりして余裕がなくなることはなくなるはずです。

過去問演習を重ねて、自分の強みをしっかりと把握しておきましょう。「これならできる」という問題をひとつずつ積み重ねると合格ラインに届くということは、入試ではよくあることなのです。

ミスをなくすための工夫

計算ミスに代表されるように、算数にはミスをおかしやすい箇所がたくさんあります。人間はミスをするものですし、入試には厳しい時間制限があります。ミスはある意味ではやむをえないものでもあります。

しかし、だからといってそれを減らすための努力をしなくていいということではありません。ミスは自分のミスに「気づかない」から起こるわけですから、「気づく工夫をする」ことを意識してみましょう。

求められているのはなんの数値かを確認しているか、単位はまちがっていないか、図形への数値や記号の書きこみはわかりやすく書かれているか、狭いスペースに無理やり筆算を書きこんでいないか、などチェックポイントはたくさんあります。同じことを繰り返してしまうようなら、なにをチェックすべきかを書きだして、リストにしてみましょう。

また、問題を解くときに、その過程を日ごろから残しておくことも大切です。ミスに気がついたとき、すぐに対応できるからです。答えがでて、検算してみてまちがいに気づいたとき、問題用紙にその手がかりがあると、まちがいの修正にかかる時間は短くなります。

また、ふだんの生活のなかで、具体的な数字のイメージを持つことでミスを減らすことができます。300㎖はどの程度の分量なのか、人は1分間に何mくらい歩けるのか、など、数値を具体的にイメージできれば、でてきた答えの数値がおかしいとき、どこかにミスがあることに気づくことができます。

実際の制限時間を意識する

当然ながら、実際の入学試験には制限時間があり、そのなかでかなりの作業量が求められます。ですから、過去問演習は時計やタイマーを使い、時間内に1年ぶん（1回ぶん）をとおして行いましょう。

なかでも算数は、時間をどんどん消費してしまう教科です。時間内に終わったところまでが、自分のいまの実力、という意識を持つ必要があります。

初めて見る（ような）問題にぶつかったときに、いつの間にか時間が経ってしまっていたり、逆に算数好き（とくに難問好き）のために、むずかしい問題をなんとか解こうとして、いつの間にか時間が経ってしまった、ということが起こるのが算数という教科です。諦めずに取り組むのは大切ですが、制限時間がある以上、やはりどこかで見切りをつける必要があります。

過去問演習をつうじて、全部解ききるのではなく、時間内にできるところを正確にやりきる、という意識に切り替えられるようにしましょう。

Check Point

- 「初めて見る」と感じても、どこかに手がかりはある。
- 計算問題といった「できる問題」は確実にとろう。
- 「できる問題」の積み重ねが合格につながる。
- ミスをなくすための「工夫」が大切。
- 時間の使い方をつねに意識しよう。

Fight!

受験まであと100日

過去問演習ここがポイント！ 理科

与えられた情報から解答を求める

国語の項でもお話しした問題文の長文化は、理科や社会でも同様の傾向が見られます。理・社の場合、それにグラフや図表、写真などの資料が加わることもあります。いずれにしても、文章とそうした資料から、必要な情報を読み取る力が求められています。

そして、その情報の内容をカギとして問題を解かなければなりません。こうした流れは今後もつづくと思われ、情報を読み取り活用する力は、入試で求められる力のひとつとして必須のものとなってきています。

こうした問題は、教科書や参考書に書かれているような知識はあまり必要がないと言っていいかもしれません。なぜなら、資料のなかに問題を解く手がかりがすべてふくまれていることが多いからです。

理科が得意な受験生なのに、こうした問題に弱いタイプがいます。それは、覚えるのは得意でも（または、暗記が得意であるために）、ものごとを深く考える習慣があまり身についていないからです。

このような「考えさせる」問題にであったら、問題文や資料の一つひとつの意味を確認しながら解いていくことが肝心です。見たことがない、歯が立たないと思っても、じつは与えられた資料をカギにすることで、解ける問題だということがわかってくるでしょう。

とくに、覚えていることで解いていく方が得意なタイプの受験生の場合は、なるべく多くこうした考える問題を解いて、一見わからないと思っても、順序立てて考えていけば解答にたどりつけるという経験を積んでおくことが欠かせません。

暗記だけではなく考える力をつけよう

「正確に覚えられる」「なんでも暗記が得意」なことは試験勉強において非常に有利な力のひとつです。しかし、前述したように、問題を解くときに正確に覚えていても、それが考えずに解くことにつながることがあります。

よく覚えているということは、ときには「考えなくてもできる」ということでもあります。覚えてさえいれば、解ける問題もあります。それを実力と思ってしまい、反射的に解答することをつづけていると、考えないクセがついてしまいかねません。

これまで理科が得意だと思っていて、小テストなどで理科の点数がよかった人ほど、これからの時期は、問題を「しっかり考えて解いているかどうか」をチェックしてほしいと思います。

過去問を解き始めてみても、これまでと同じように点数がとれているならば、心配はいりません。一方、過去問に取り組み始めたら、急に問題が解けなくなったり、点数がとれなくなったりした場合は、考えて問題を解くことができていない可能性があります。「用語の意味は覚えている。実験内容も、図の意味もよく覚えている」のに、人によってはそれが過去問、そして入試本番で足を引っ張るかもしれません。

これを回避するために、日ごろの学習から、どうしてそうなるのか？という疑問を立てて、それに対して自分の言葉で答えてみることをするように心がけましょう。点数が取れているからといって安心せず、自分が「頭を使っているか」をチェックしながら勉強することが大切です。

もちろん、暗記しなくていいということではありません。「覚えていること」は言うまでもなく大切なこ

とです。しかし、覚えているだけでは「理解している」ことにならない点に注意が必要なのです。

初めて見る問題を、暗記してきたことだけに頼って解くのはむずかしいでしょう。そのとき、これまでどれだけこうした問題に向きあってきたかが問われるのです。

実験の過程や意味が問われる問題も

「定番の実験」という言葉があります。それぐらいに、理科の入試問題には実験を題材にした問題が頻繁に出題されます。教科書や参考書で見たことがある実験、また、繰り返し出題される実験というものもあり、図を見ただけで、どの実験かがわかってしまうという人もいることでしょう。

こうした問題のなかには、実験に使用する器具や物質の名称を答えさせたり、たんに実験の結果を問うだけの、暗記していれば解ける問題もあります。

しかし、単純な知識としてではなく、実験の過程をきちんと理解できているか、それぞれの手順の意味を理解しているか、そして結果にはどのような意味があるのかを問う問題も増えてきています。

そうした問題に対応するために、過去問の復習の際には、出題された実験それぞれについて、なぜその実験をするのか（実験の目的）、どうしてこの操作をするのか（手順の意味）、そして、どうしてそうなるのか（実験結果の理由）ということを、まとめておきましょう。

よく知っている実験であっても、ノートに書くという手間を惜しまず、頭を使って整理するという作業を積み重ねることで、たとえ初めて見る実験を題材にした問題にぶつかっても、応用が効くようになってきます。

正確さが求められる記述問題

ほかの教科もそうですが、理科でも記述問題が増えています。これも、暗記だけではなく、「理解」しているかを問う傾向の現れです。その記述問題で大切なことは、まず内容が正確であることです。

解答作成の際に気をつけなければならないのが、字数や解答欄が大きいからといって、無理やり長い答えを書こうとしてはいけない、ということです。字数が足りなくなることを気にするあまり、不要な言葉や不正確な内容を書いてしまったりすると、大きな減点となり、点数をもらえないこともあるからです。

理科の記述問題では、長い短いは気にせず、なによりも正確な記述を心がけることが肝心です。

Check Point

- 資料はかならず問題を解くための手がかりになることを忘れずに。
- 「覚えている」ことは大切だが、「頭を使って考える」ことを怠らないように。
- 実験は目的、手順の意味、結果の理由をよく考えるようにしよう。

Fight! 受験まであと100日

過去問演習 社会 ここがポイント!

暗記だけに頼っては点数は取れない

社会という教科を、覚えれば点数の取れる、いわゆる暗記教科と考えている人は少なくありません。

確かに、社会は暗記しなければならないことがらの多い教科です。しかし、社会は、教科の名前のとおり「社会全体」をあつかう教科であるため、学習対象の範囲が広く、暗記だけでなんとかするのは、じつは非効率です。実際に、すべてを暗記で解決できるわけでもありません。

近年の社会の入試問題にみられる特徴として、つぎの3点があげられます。

(1)図表、グラフ、写真、地図の多用
(2)世の中で関心を集めている話題に関連する出題
(3)その場で考えさせる問題の増加

この3点から読み取れる、各校が求めている社会科の力とは、つぎの3つではないでしょうか。

(1)与えられた資料から、きちんと意味のある情報を読み取れるか
(2)世の中のできごとにふだんから関心や問題意識を持っているか
(3)自分の知識と得られた情報を結びつけて考えられるか

受験勉強においては、細かな知識ばかりを覚えようとするのではなく、数は少なくても、正確かつ深い理解をともなう基本的な知識を持つようにし、それらの知識を基礎においてものごとを考えられるようにしておくことが大切だといえます。

とはいえ、社会が「暗記不要」の科目だということではもちろんありません。なかには、受験用テキストに載っているような知識は不要で、問題中にある資料のみで考えさせるような出題をする学校もありますが、そのような例は多くありません（反対に、「覚えているかどうか」でほとんどが決まってしまう学校もあります）。

暗記に頼るのではなく、考える際の幹となる基本的知識を身につけることが大切だということです。

知識はさまざまに結びつけて覚えよう

では、基本的知識は、どのように覚えるのが効果的な学習なのでしょうか。一問一答形式をつづけているだけでは、それらの知識はなかなか考える材料になりません。地名や人物名、年号などを覚えても、それぞれが別々の知識として蓄積されるだけで、それぞれの知識に「つながり」が生まれてこないからです。

たとえば、地理の場合、地図に情報を集約するという学習方法があります。別々の情報を地図に集約することで、地形と産業、地形と気候が結びついていること、さらに気候と産業も結びついていることが、目で見えるようになってきます。

歴史も、年号とできごとを一対一で覚えるだけではなく、理由や原因、できごとに関係する人物、その後の影響を、ストーリーにして覚える工夫をしてみましょう。

公民分野や時事問題は、制度や仕組みが、私たちの日常生活とどうかかわっているのかを考えておくと、わかりづらい抽象的な言葉を理解する助けになります。

入試問題には、ひとつのテーマをとおして、これらのつながりを理解しているかどうかが問われる問題が多くあります。過去問演習の復習の際に、この「つながり」をノートにまとめ、理解を深めていきましょう。

「なぜ?」の問いかけが理解を深める

この「つながり」を理解する際に役立つのが、「なぜ?」という問い

かけです。当たり前の知識のように思っていることも、「なぜ?」という問いかけによって、さまざまな結びつきが生まれてきます。

　たとえば、「東北各県や新潟県で米の生産がさかんなのはなぜなのか?」「なぜ衆議院と参議院の二院があるのか?」など、たくさんの「なぜ」という問いを見つけ、書きだしておきましょう。そうすることが、できごとや制度の意味を考えたり、それを言葉で表現したりするときのよい練習になります。

できごとに関心がある タイミングがチャンス

　2015年のできごとといえばどんなことを思い出しますか? 阪神・淡路大震災から20年が経ち、3月には北陸新幹線が開業しました。女子のサッカーワールドカップでなでしこジャパンが準優勝というニュースもありましたね。このような大きなできごとには、多くの人びとが関心を寄せます。

　時事問題の学習は、そのできごとに関心があるうちに、つまり、学習効果が高まるタイミングで学習することが効果的です。

　だからこそ、日ごろから世の中に関心を向けておくことが大切なのです。

ミスを減らすための ひと工夫

　どの教科でも、「ミス」による失点ほどもったいないことはありませんし、それが合否を分けることもあります。社会の過去問演習の際にも、そうしたミスをなくすための工夫をし、さらにそれが習慣化するまでつづけましょう。

　たとえば、設問を読む際に気をつけるべき点に印をつけて注意をうながすという一連の流れを、手が自然に動くように身体で覚えておきましょう。

　「誤っているもの」や「ふさわしくないもの」という聞かれ方や、「すべて」「ふたつ」という選ぶ個数の指示がでてきたら、その部分に下線を入れる、丸をつけるなど、印をつけておきます。また、これは明らかにちがうと思った選択肢には、まちがいだと思う箇所に×印をつけるなどして「誤った選択肢であることの確認」をすればミスは減ります。

　どこまで空欄かのチェックも必要です。「(　)県」となっている空欄に、たとえば「神奈川県」と県をつけて答えてしまわないように、空欄の「県」の字をめだつようにしておきましょう。

　こういったひと手間を習慣にすることによって、ミスを少なくすることができます。

Check Point

- 幹になる知識をしっかりと身につけよう。
- 暗記だけではなく、つながり、ストーリーを意識した学習を。
- 「なぜ?」の問いかけが大切。
- ひと手間を習慣化してミスを減らそう。

5つの力で徳才兼備の女性を育てる

三輪田学園《みわだがくえん》中学校

明治時代に開校してから現在にいたるまで、一貫して自立した女性を育成しつづけてきた三輪田学園中学校。
従来から実践していた教育を発展させた、現代社会を生き抜くために身につけてほしい5つの力を育む新たな教育がスタートしています。
今回はそんな三輪田学園の教育について、吉田珠美校長先生にうかがいました。

1887年（明治20年）に誕生した三輪田学園は、今年で創立128年を迎える伝統校です。創立者・三輪田眞佐子が掲げた「徳才兼備の女性を育てる」という教育理念のもと、豊かな人間性と高い知性を持ち合わせた、自立した女性を世に送りだしています。

「才徳ではなく、徳才としている点が本校の特色で、学力をつけること以上に徳育を重視しています。その教育理念を現代に対応させたものとして、昨年から、『5つの力』を設定しました。これまでの長い歴史のなかで培ってきた教育ノウハウをいかしながら、6年間をとおして5つの力を養うことで、社会にでてから苦しいことがあっても乗り越えていけるような、折れない自分を持った女性に育ってほしいと思います」と吉田珠美校長先生は語られます。

その5つの力とは、①世界に興味・関心を持ち、学び続ける力 ②問題を解決する論理的思考力 ③リーダーシップとフォロワーシップ ④対話する力・共感する力 ⑤確かな職業観にもとづく人生設計力です。

吉田校長先生によると、①②の力は教科指導をとおして、③④の力は行事や部活動など、ふだんの学校生活をとおして、そして⑤の力は進路指導をとおして形成されていくものだといいます。では、5つの力それぞれについて見ていきましょう。

国際化する現代を生き抜くための力

国際化が進む現代において、①の「世界に興味・関心を持ち、学び続ける力」はとくに重要視される力です。三輪田学園では、外国人とコミュニケーションをとる機会が今後ますます増えることを見据え、そんな時代に対応できる力を身につけてもらおうと、母国語である日本語と、国際言語としての英語をしっかり学べる場を用意しています。

また、国際的な問題を解決するために必要不可欠な力として、各教科指導をとおして②の論理的思考力をきたえています。「論理的思考力は、国語や社会などの文系科目でも養えます」と吉田校長先生が話されるように、理科や数学などの理系科目の授業はもちろん、国語の授業で論理的な文章を読んだり、社会の授業で、社会問題に関するディベートやディスカッションを行うことでも論理的思考力は伸びていきます。

そんな三輪田学園の教育の大きな特色としてあげられるのが、1970年（昭和45年）から伝統的に行われている読書教育です。中1では読んだ本の感想文を提出するほか、お気に入りの本を友人同士ですすめあうビブリオバトルを開催。クラス内で投票も行う本格的なものです。こうした取り組みは、ただ本を読むだけでなく、読んだ内容をまとめ、それをどう発表するか考えるため、得た知識を発信する力も身につきます。そして中3では読書教育の総まとめとして、卒業論文を執筆していきます。

ビブリオバトルのようす

一人ひとりの生き方をていねいに考える

つぎに、学校生活で養われていく

という③と④のふたつの力についてです。吉田校長先生が「きちんと周りをフォローできる生徒こそが、いいリーダーになるのです」と語られるように、三輪田学園では、リーダーシップとフォロワーシップは表裏一体の関係だと考えられています。

「リーダーシップをとることの重要性が唱えられることが多いですが、リーダーを支えるフォロワーがいてこそ、世の中はうまくまわっていくものです。本校の生徒を見ていても、何年もフォロー役として動いてきた生徒が、人の苦労のわかる、いいリーダーに育っていると感じます。ですから、いいフォロワーを育てることこそが大事なんだという意識を持っています」（吉田校長先生）

一人ひとりがフォロワーとして活躍する運動会

いいフォロワーになるためには、周りとの対話を大切にし、相手が考えていることに共感しようとする姿勢が必要です。三輪田学園では、5つの力を設定する前から、道徳教育に力を入れており、各学年の成長段階に合わせたカリキュラムが実践されてきました。その教育を引き継ぐことで、コミュニケーション力を高め、相手の気持ちに寄り添うことのできる生徒を育成していきます。

そして、5つの力のなかでいちばん大切にされているのが⑤の「確かな職業観にもとづく人生設計力」を育むことです。三輪田学園の進路指導は、まず自分がなにをしたいのか、どう生きていきたいのかをじっくり考えることから始まります。自分にとって仕事とはなにかという職業観をしっかり持っていないと、社会にでてから挫折してしまいかねません。それを避けるために、職業インタビューに取り組んだり、卒業生や保護者による、仕事の楽しい部分と合わせて大変な部分も語ってもらう講演会を開くことで、確かな職業観を身につけていきます。そのうえで、どの大学なら夢のための勉強ができるのか、その大学に行くにはどうすればいいのかを考えていきます。そして、教員のサポートのもと、夢の実現に向けて前進していくのです。

立地をいかした連携教育も魅力

「世の中のできごとに対して、なんでだろう、という疑問の気持ちを持てるような、知的好奇心旺盛なお子さんに入学してもらいたいです。その好奇心に応えられるだけのものは用意しています」と吉田校長先生が話されるように、三輪田学園は教育環境も充実しています。

まず、周辺環境に恵まれており、隣接する法政大とは、高大連携教育として、大学教授による講演会の開催や、大学の実験室の利用、留学生を招いての交流会などを行っています。

また、徒歩30分圏内には、インド大使館やアイルランド大使館をはじめ、各国の大使館があります。そのため、放課後に大使館を訪問し、そこで、英語の講演会を受講したり、その国の食事や文化を教わったりと、貴重な体験をしています。

さらに、複数の路線を有する市ヶ谷駅と飯田橋駅の両方から徒歩7～8分という抜群の立地に学校があることから、そのアクセスのよさをいかし、気軽に東京大や早稲田大などの大学見学ツアーへでかけていくこともできます。

このように、恵まれた教育環境のもと、長年積み重ねてきた教育をいしずえに、新たな時代に対応できる女性を育成している三輪田学園中学校。この10年間で時代は変わり、三輪田学園の制服や校舎も新しくなりましたが、学校そのものが持つ温かな雰囲気は変わっていないといいます。ぜひ実際に足を運び、130年近い歴史のなかで醸成されてきた温かな雰囲気を体感してください。

School Data

所在地　東京都千代田区九段北3-3-15
TEL　03-3263-7801
URL　http://www.miwada.ac.jp/
アクセス　JR線・地下鉄有楽町線ほか「市ヶ谷駅」徒歩7分、JR線・地下鉄有楽町線ほか「飯田橋駅」徒歩8分

◆学校説明会 予約不要
9月21日（月祝）11:30～12:30
（オープンスクール同時開催）
10月14日（水）10:00～11:30

◆ミニ学校説明会 要予約
すべて10:00～12:00
9月29日（火）／10月27日（火）／12月1日（火）

◆オープンスクール 要予約
9月21日（月祝）10:00～11:00／13:00～14:00

◆校長と入試問題にチャレンジ 要予約
（6年生対象）
10月17日（土）14:00～15:45
10月31日（土）10:00～11:45

学校説明会	オープンキャンパス クラブ体験入部 ※要予約
10月10日(土)14:30	10月3日(土)14:00

入試説明会	本郷祭
11月 5日(木)10:30 11月28日(土)14:00	9月19日(土)10:00~16:30 9月20日(日) 9:00~16:00

本郷 中学校 高等学校

HONGO JUNIOR & SENIOR HIGH SCHOOL

Address:東京都豊島区駒込4-11-1 TEL:03-3917-1456
Access:JR山手線・都営三田線「巣鴨駅」徒歩3分、JR山手線・地下鉄南北線「駒込駅」徒歩7分 URL:http://www.hongo.ed.jp/wp/

先輩から引き継がれる3つの教育方針

自学自習

自己発信型の学習を経験する「卒業論文」。専門の人による校正指導も受けながら、約1年間で3000字程度の論文を完成させます。また、自ら目標を設定して学んでいく力は、本郷オリジナルの検定試験「数学基礎学力検定試験」「英単語力検定試験」をとおして身につけます。

校内には、ふたつの自学自習スペースがあります。私語厳禁の「自習室」は、集中して勉強に取り組める環境。一方、「ラーニング・コモンズ」は、ミーティングやグループワークなど、様々な用途に使えます。生徒自身が目的に合わせた活用法を編み出し、能動的な学習スタイルを展開できる空間です。

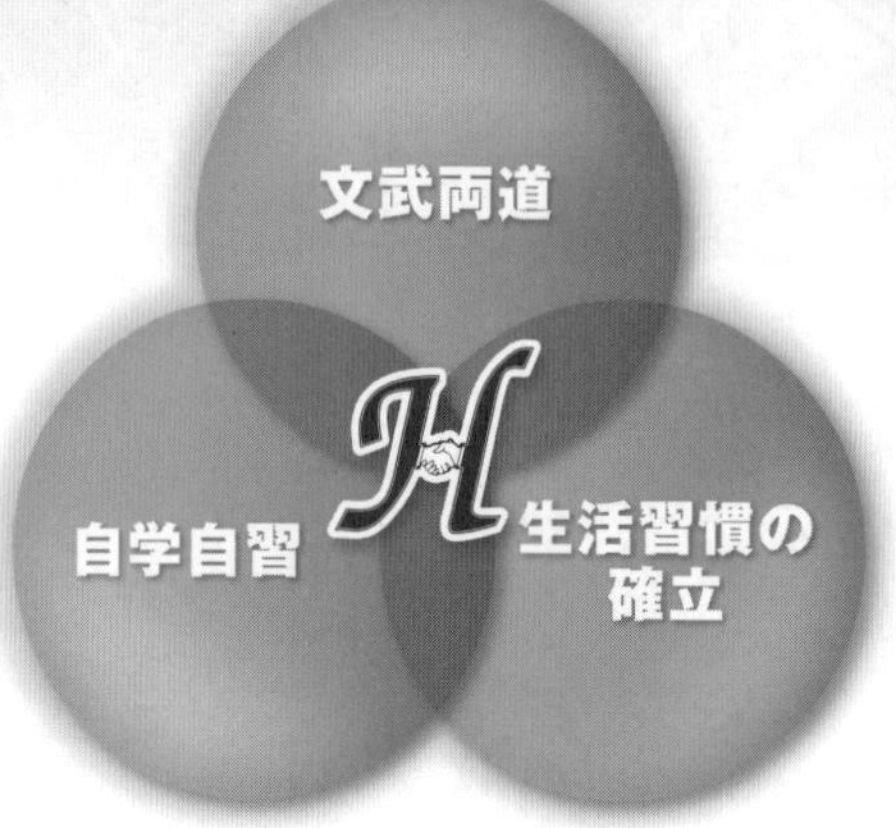

文武両道

中学は98%、高校は83%の生徒がクラブに所属。「中学は1日2時間 × 週3日（日曜は顧問の判断）、高校は1日3時間 × 週5日まで」と限られた活動時間で目標に向かって成果をあげるように努力し、学習時間とのメリハリをつけながら、日々成長を続けています。

生活習慣の確立

就寝時間や起床時間、学習時間などを記録する「生活記録表」を使用し、自己管理能力を高めます。コミュニケーションの基本である「あいさつ」も、学校全体で取り組んでいます。

本郷中学校・高等学校は、「文武両道」「自学自習」「生活習慣の確立」という3つの教育方針を掲げ、〝次世代を担うリーダー〟を育成しています。「文武両道」は、創立当初から大切に引き継がれてきた精神です。「自学自習」と「生活習慣の確立」は、進学校として方針が見直され、新たに掲げられたものです。

方針の見直しが行われたきっかけについて、入試広報部部長の佐久間昭浩先生は、「以前は、教員が手厚く補習や個別指導を行い、生徒がそれに甘えていることがありました。生徒にとって本当に必要なのは、自ら学ぶ力。それを身につけさせることこそが、私たちの行うべき教育なのです」と説明されます。

3つの教育方針に込められた想いは、先輩から後輩へと引き継がれ、学校全体に浸透してきています。この「タテのつながり」について、佐久間先生は「男子は、女子のようにコツコツ努力するのが苦手な生徒が多く、やる気を出させるには、何かきっかけを与えることが大事なのです。この〝きっかけ〟となる最も身近な存在が先輩で、先輩の成功体験が後輩に引き継がれるよう、本校では〝タテのつながり〟を意識した様々な取り組みを行っています。目標となる先輩の存在は後輩たちには何よりも刺激になるからです」と語られます。

その取り組みのなかのひとつに、中1と中2の「数学合同授業」があります。全員で同じ問題を解き、中2が中1の採点、指導を行う仕組みになっています。この授業を通じて、中2は後輩に負けないよう、自ら進んで学ぶように成長します。先輩から学ぶ中1も、多くの刺激を受けるのだそうです。

「中2は中1に、授業の内容だけでなくいろいろな話をしてくれます。こうした交流から、文武両道の精神や、自学自習の大切さなどが伝わっていくのだと思います」（佐久間先生）

数年後の創立100周年に向け、さらなる進化を続ける本郷。3つの教育方針が浸透し始め、大学合格実績もさらに伸びてきています。

「在学生はやりたいことがハッキリしています。6年間の学校生活のなかで、やりたいことを自分で選び、それを貫く力が身につけられます。勉強もクラブも最後までやりぬき、第1志望の大学に進学する先輩たちが多い学校です」（佐久間先生）

Fight!

受験まであと100日

公立中高一貫校「適性検査」ってなんだろう

しっかり準備をすれば怖くない 過去問題を攻略して乗りきろう

公立の学校は、各自治体によって運営されています。そして公立中高一貫校は「受験競争の低年齢化を招かないように」と、学校教育法施行規則によって、学力検査を行わないことになっています。ですから、公立中高一貫校の入試は「入学試験」ではなく、「入学者選抜」と呼ばれ、「受験」とは書かず「受検」と書きます。だからといって入試がないわけではなく、学力検査の代わりに「学校の教育方針と（受検生）の適性を判断する」ための適性検査が実施されています。ここでは、公立中高一貫校、とりわけ首都圏で実施されている「適性検査」について考えます。

適性検査での得点がやっぱり合否を分ける

首都圏の公立中高一貫校における入学者選抜の方法は「報告書・適性検査・作文・面接・実技検査」などによって総合的に合否が判定されます。これらのなかでも、最も評価比重が大きいのが適性検査です。適性検査はおもに筆記によりますが、神奈川の中等教育学校2校では、「グループ活動による検査」という検査、千葉県立2校では、聞き取った内容から自分の考えを表現する検査も行われています。

公立の中高一貫校では、学習指導要領の「小学校で学ぶ範囲」を超えた内容で検査をすることはできません。このことは、学校教育法施行規則でも定められています。

私立の中高一貫校の入試では、ときとして小学校の学習指導要領を越えた内容が出題されることがありますが、公立中高一貫校では、小学校で学んだことのなかから出題されるのが前提です。

しかし、公立の中高一貫校でも優れた生徒に入学してほしいのは当然です。

ですから、公立中高一貫校の適性検査の出題は、入学後の6年間に生徒をかならず伸ばすことができるように、そのベースとなる基礎的な学力や資質を見たいという意図があります。そのことから、適性検査はさまざまに工夫された出題となっており、学校によってちがいはありますが、科目の枠をとりはらった融合問題となっています。複数の教科を組み合わせたり、活用したりするなど、解く力だけでなく総合的に考える力が試されます。

また、「どう考えるのか」「なぜそう思うのか」を文章にまとめ、記述して表現する問題が多くだされます。

つまり、「覚えている」「知っている」だけでは解答を得ることはできないのです。知識の量や暗記、習熟された解法を用いて解答するのではなく、思考力・表現力などをその場で発揮できるかどうかが合否の分かれ目となります。

日常生活のなかで、身のまわりのことに関心を持ち、自分の意見をまとめ、その意見を理由とともに表現できることが必要です。

日ごろから家庭内での会話、小学校での活動や学びに意欲的に取り組んでいることなど、日々をどのように過ごしているかも重要になってくるわけです。

都・県や学校によってちがいがある適性検査

公立中高一貫校への受検は、当然、居住地によって出願資格が制限されています。他の都道府県の公立中高一貫校への出願はできません。また検査日も統一されているため1校しか受検することはできません。

ということは、その居住地の学校の適性検査を研究することが大切だと言えます。検査の形式や内容は、都県ごと、市・区ごと、また学校ごとにさまざまです。

ですから、適性検査ならどこのものでもいいだろうと、出題傾向が異なる学校の過去問題に取り組んでも意味はありません。出題傾向がまったくちがう場合には、効果がないばかりか、むしろ弊害ともなりますので、注意しましょう。

現在、首都圏の公立中高一貫校は各都県に数校が設立されています。設立母体が同じだと、適性検査の問題が、全校共通である場合、一部の学校が共通である場合、各校異なる場合などがあります。この春からの東京都立の公立中高一貫校適性検査では、共通問題を柱として、一部の問題を各校が独自問題に差し替えて実施するようになりました。

では、出題傾向のちがいは、具体的にはどのようなものがあるのでしょうか。たとえば、森上教育研究所・若泉敏公立中高一貫特任研究員は、「教科書レベルの知識で対応できる問題」「その知識を活用することが必要な問題」「適性検査としてふさわしいレベルの問題」「より複雑で条件が厳しいPISA型の傾向にある問題」「私立中学校受験類似レベルの問題」と5つの傾向に分けることができると言っています。

都県によって、また、学校によって、これだけレベルや傾向がちがうのですから、そこを見誤ると過去問題に取り組む意味がありません。

過去問題で学校からのメッセージを読み解く

適性検査問題のむずかしさにはすでに触れましたが、ほとんどの学校の適性検査は40～50分が検査時間となっています。これは現行の小学校の授業時間に合わされていて、それ以上の時間を課せば文科省のチェックが入るのでしょう。

ところが、この時間内で多くの資料や文章を読み解き、解答へと表現するのは至難の技です。読み解くだけで半分以上の時間がかかるのではないか、という問題もありました。

決められた時間内で自らの力を最大限に発揮できる集中力、さらに時間を配分する力も必要です。

さて、適性検査には各校の教育方針や育てたい生徒像が反映されています。学校によって、問題内容や評価の観点がちがってくるのはこのためです。

それを理解していれば、まず志望校の教育方針や理念、特色を理解するところから始めるのが第1歩だということがわかります。

まずは、志望校の過去問題をしっかりと見て、そこに隠されている学校からのメッセージを読み解くことから始めましょう。適性検査対策はそれがスタート地点です。

5つの力が適性検査で試される

では、過去問題に取り組む際、どんなことに注目して分析していけばよいのでしょうか。

各校とも入学者選抜にあたり、「出題のねらい」がホームページで公表されています。

これらの「ねらい」を読むと、首都圏の中高一貫校の適性検査が試そうとしている力が見えてきます。志望校が決まったら、かならず目をとおしておきましょう。

その「試そうとしている力」は、以下の5つの力にまとめられます。

1「読解力と資料を読み解く力」、2「筋道を立てて考える力」、3「問題解決力と計算力」、4「作文力と表現力」、5「教科知識の活用力」の5つです。

これらの適性検査問題は、私立の中高一貫校の入試問題とは、かなりちがったものに見えます。では、やさしいのかといえば、そうとは言えません。けっして取り組みやすい内容とは言えず、おとなでも面食らう問題も多くあります。合格するためには、高い理解力や表現力が要求されます。

つぎのページから、これら「5つの力」に沿って、この春の適性検査問題を見ながら、なにがどう試されているのかについてお話しします。

なにが試されるのかを理解しながら過去問題に取り組むかどうかで、過去問題演習の効用が大きくちがってきます。しっかりと過去問題に取り組み、志望校の出題傾向を認識して、じゅうぶんな準備をすることが合格のポイントになります。

適性検査は、いずれも融合問題として問われますので、特定の科目にとらわれることなく、まんべんなく学習し、それぞれの科目を横断的に見ながら、関連を意識して過去問題を分析し、学んでおくことが大切です。

1 試される力
読解力と資料を読み解く力

しめされた資料を読み解き 自分の考えを表現する

公立中高一貫校が共通して求めているのが「資料を読み解く力」です。

これは、写真や表、グラフ、地図、その説明や会話文がしめされ、それを読み解き、わかったことを書いたり、その内容について自分なりの考えを記述するかたちの解答になります。

資料を読み解く問題には、「資料からわかったことを書く問題」「資料からわかったことを書き、さらにその理由を書く問題」「わかったことや、その理由をもとに、自分の考えを書く問題」などがあります。さらに、これらが組み合わされた問題もあります。

求められているのは、知識量ではなく問題の意図を読み取って自分なりに思考し、表現していく力です。

このタイプの適性問題で求められる「資料を読み解く力」をつけるためには、日ごろからグラフや表、地図、また新聞記事などを目にしておくことが大切です。

とくにグラフや表、地図では、地域間のちがいや、時間（経年）の変化によるちがいを読み取ることが求められることが多くなります。

また、読み取った内容について、自分の意見を持つことが大切ですから、家庭内でも子どもの意見に耳を傾け、さらにちがった意見もあることをしめして、考えを深めあう機会を積極的につくりましょう。

2015年度　東京都立小石川中等教育学校　適性検査Ⅱ（独自問題）より

2 **あさこ**さんと**けんじ**君は、金曜日の夜におじいさんの家に遊びに来ました。

あさこ、けんじ：おじいさん、こんばんは。
おじいさん：二人ともよく来たね。今度はいつまでいられるのかな。
あ　さ　こ：お父さんもお休みだし、あさっての日曜日までよ。
おじいさん：そうか。おじいさんが会社に勤《つと》めていたころは、お休みは日曜日だけだったけれど、最近は土曜日も休みのことが多いね。ところで、あさこやけんじは、お休みの日にはどんなことをしているのかな。
あ　さ　こ：お友達と遊んだり、テレビを見たりすることが多いかしら。
け　ん　じ：他《ほか》の国ではどうなんだろう。
おじいさん：二人とは少し年れいがちがうけれど、２０歳《さい》くらいの人たちが休日をどう過ごしているかについて、いくつかの国の資料が本だなにあるよ。
け　ん　じ：他の国と比べてみると、それぞれの国の特ちょうがわかるね。

〔問題１〕　資料１の中から一つの国を選び、その国の特ちょうと、なぜそうなっているのかについて、あなたの考えを書きなさい。
　なお、解答らんには、４６字以上６０字以内で段落《だんらく》をかえずに書きなさい。「、」や「。」もそれぞれ字数に数えます。

資料１　１８歳から２４歳までの人の休日の過ごし方

	1位	2位	3位	4位
日　本	友人と共に過ごす　６５．９％	テレビなどを見て、のんびり過ごす　５２．５％	ショッピングを楽しむ　３２．６％	特に何もしない　３１．９％
大韓民国《だいかんみんこく》	友人と共に過ごす　６７．９％	パソコンやインターネットを利用する　５２．９％	テレビなどを見て、のんびり過ごす　４６．９％	スポーツ、映画《えいが》などを見に行く　４１．５％
アメリカ合衆国《がっしゅうこく》	友人と共に過ごす　６８．０％	スポーツ、映画《えいが》などを見に行く　５０．５％	家族と共に過ごす　５０．１％	テレビなどを見て、のんびり過ごす　４９．１％
スウェーデン	友人と共に過ごす　９０．６％	テレビなどを見て、のんびり過ごす　６４．１％	ショッピングを楽しむ　５９．１％	読書をしたり、音楽を聞いたりする　５６．１％

※複数の回答をすることができるので、百分率の合計は１００をこえる。
（内閣府《ないかくふ》「第７回世界青年意識調査結果概要《がいよう》速報」より作成）

本文中で述べた「資料からわかったことを書き、さらにその理由を書く問題」です。１位から４位までの順位にこだわっていると質問の真意を読み取りそこないます。複数回答が許されていることからでてくる数値（％）に注目したいところです。

け　ん　じ：おじいさんがお勤めをしていたころは、休日に何をしていたの。
おじいさん：仲間と野球をしたり、映画を見たりしたな。
あ　さ　こ：今はどうなのかしら。
おじいさん：本だなに、日本人の余暇《よか》の過ごし方の資料があったはずだよ。
あ　さ　こ：資料にある「余暇」って何のことかしら。
おじいさん：仕事をしていないときや、お休みの日のような、自由に使える時間のことだよ。
け　ん　じ：野球をする人はずいぶんと減ったんだね。
あ　さ　こ：他にも増えたり、減ったりしているものがあるわね。

〔問題２〕　資料２を見て、野球と映画鑑賞《かんしょう》以外の余暇の過ごし方を一つ選び、１９８６年から２０１１年までの間の変化の様子を、具体的な数値《すうち》を用いて説明しなさい。ただし、１９８６年、２０１１年に数値が無いものは、一番近い年の数値を用いなさい。

資料２　１５歳以上の日本人の余暇の過ごし方の割合《わりあい》（％）

	1986年	1991年	1996年	2001年	2006年	2011年
外国語学習	５．０	９．５	８．４	９．６	９．５	１０．８
商業実務・ビジネス関係学習	６．９	７．９	６．３	１９．８	１６．３	１５．３
野球（キャッチボールをふくむ）	１６．９	１４．３	１１．９	９．５	７．４	７．１
サッカー・フットサル	３．６	３．３	５．１	４．４	４．９	５．６
ジョギング・マラソン	１１．８	１０．９	８．９	１０．３	７．８	９．６
ゴルフ（練習をふくむ）	…	１７．８	１４．４	１１．５	９．２	８．１
スポーツ観覧《かんらん》	２２．９	２３．６	２１．５	１８．７	２０．３	…
映画鑑賞	３１．１	２７．２	２５．９	３４．２	３６．０	３５．１
カラオケ	２４．３	４３．６	４５．８	３９．５	３２．１	２９．０
ゲーム（テレビ・パソコンでの）	１７．６	１４．８	２３．９	２６．０	３０．４	３３．３
日帰り行楽《こうらく》	…	６５．４	６５．５	６５．１	５９．６	５８．３
国内旅行（一泊《いっぱく》以上）	６５．９	５８．４	５６．７	５４．２	４９．３	４５．４
海外旅行（一泊以上）	３．７	７．４	１０．８	１０．３	８．７	７．３

※複数の回答をすることができるので、百分率の合計は１００をこえる。
※資料の「…」は、その年に調査されなかったために、数値が無いことを表している。
※商業実務・ビジネス関係学習とは、パソコンの学習や資格取得のための学習などのことである。
※スポーツ観覧・映画鑑賞にテレビ・ＤＶＤなどによるものはふくまれない。
※行楽とは、山や野原に行ったり、観光施設《しせつ》に行ったりして遊び楽しむことである。
（「日本国勢図会《ずえ》２０１３/１４」などより作成）

この出題も本文中の「資料からわかったことを書く問題」にあたります。理由を考えるところまでは問われていないので、ゴルフや海外旅行の変化を「バブル経済」などと結びつけようとすると、ミスにつながります。

2 試される力

筋道を立てて考える力

与えられた条件を整理し順序立てて考えていく

公立中高一貫校には、それぞれ生徒の夢の実現のために、身につけてほしいとしている力があります。

それは「創造的な思考力」や、「国際化に向かう力」「仮説を立てて思考し問題を解決する力」「自ら切り拓く実践力」などです。

じつは、ここで紹介する「試される力2」こそが、これらに直結している「筋道を立てて考える力」です。

ですから、この力を試す問題はどの学校でも配点が高くなります。過去問をよく研究して得点力向上をめざしたいものです。

問題は往々にして会話文で始まります。日常生活の事象から設問につなげる形式ですが、出題と関係のない「前置き」部分に気を取られ過ぎてしまうことがあります。結局、問われていることが読み取れず、またはじめから読み直しという「時間ロス」を起こしかねません。過去問に向かうときから注意しましょう。

前項同様に、資料にしめされた条件を読み取ったうえで考えていく問題、必要な条件だけ取りださねばならない問題、組みあわせのなかから整理して選びだしていく問題、順序を考えて並べ直し規則性を見つける問題などさまざまです。

条件がしめされ、それに沿った実験を頭のなかでイメージしたり、計算をしなおさなければならない問題など、根気が必要な問題も多く見られます。

このような力をつけるためには、問題に向かったとき、「与えられた条件をよく理解する」「条件のなかの規則性を見つける」「条件に見合うすべての場合を考え、順序立てて整理し考える」「全体を見過ぎず、条件を整理してわかるところから考える」などの考え方、整理の仕方を繰り返しておくことが大切です。

また、解答はひとつではないこともあります。問題の条件に合っていれば正解となりますので、いつもほかに答えがないか考える習慣をつけましょう。

2015年度　神奈川県立中等教育学校　共通問題　適性検査Ⅰより

問2　えみこさん，まさやさん，はるかさん，ともやさん，ゆきえさんの5人は，農家でりんごの収穫《しゅうかく》体験に参加しました。次の（1），（2）の各問いに答えましょう。

（1）えみこさんたちは，収穫《しゅうかく》した赤くておいしそうなりんごの味見をさせてもらいました。農家の方は，〔写真〕のように左手でりんごを持ち，右手でナイフを持って，皮をむきました。りんごの皮は，ほぼ同じはばで1本につながった状態でとてもきれいにむけました。

むき終わったりんごの皮をテーブルの上に置いたときの様子として，最もあてはまるものを次の①～⑥から1つ選び，その番号を書きましょう。

ただし，テーブルの上のりんごの皮は，皮の赤い面を上にして平らに置いたものを上から見ているものとします。

〔写真〕　りんごの皮をむいている様子

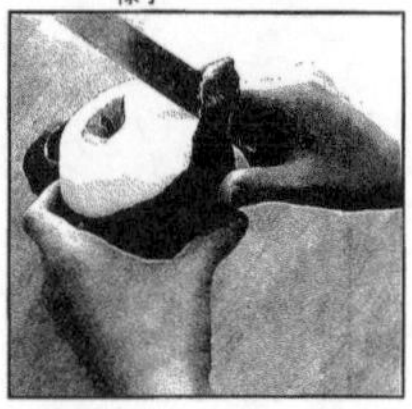

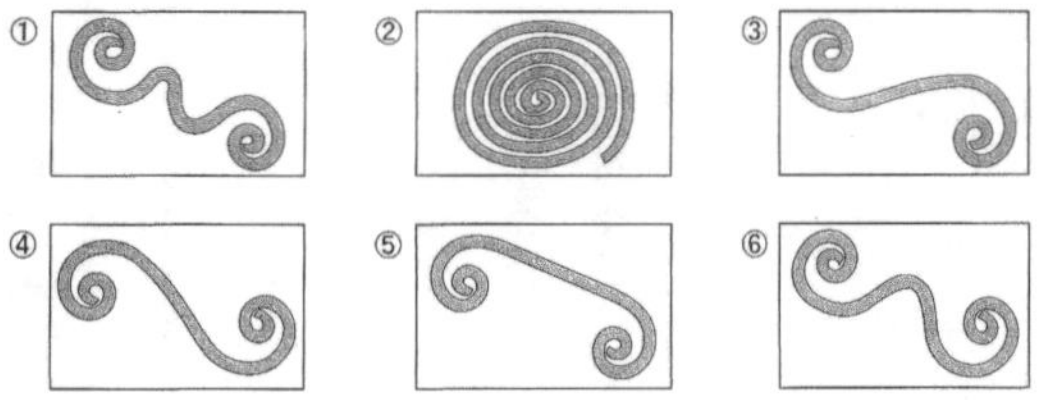

（2）えみこさんたち5人は，収穫《しゅうかく》したりんごを，〔図1〕のような直方体の箱につめ，1人5箱ずつ組み合わせて，〔図2〕のような立体になるように床《ゆか》の上に置きました。〔図2〕のように箱を置いたときにできる立体の，すべての面の面積の合計が，最も大きくなるように置いた人と，最も小さくなるように置いた人の名前をそれぞれ答えましょう。また，その面積の差は何cm^2か，書きましょう。答えは，解答欄《らん》の名前をそれぞれ選んで，線で囲み，面積の合計の差は解答欄《らん》に数を書きましょう。

ただし，面のうち，床《ゆか》や箱の面どうしが接している部分はふくまないものとします。また，箱はつねに〔図1〕の面Aが上になるように置くこととし，面どうしを接して置く場合は，〔図2〕のように面どうしがずれないように置くものとします。

〔図1〕　りんごをつめた箱

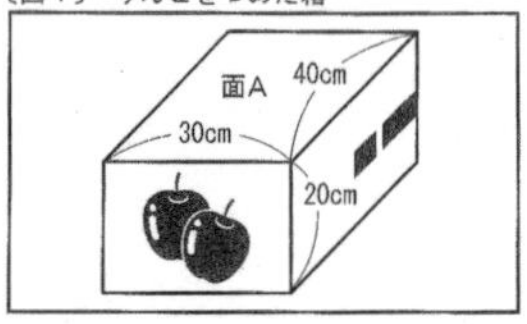

〔図2〕　組み合わせて置かれた箱の様子

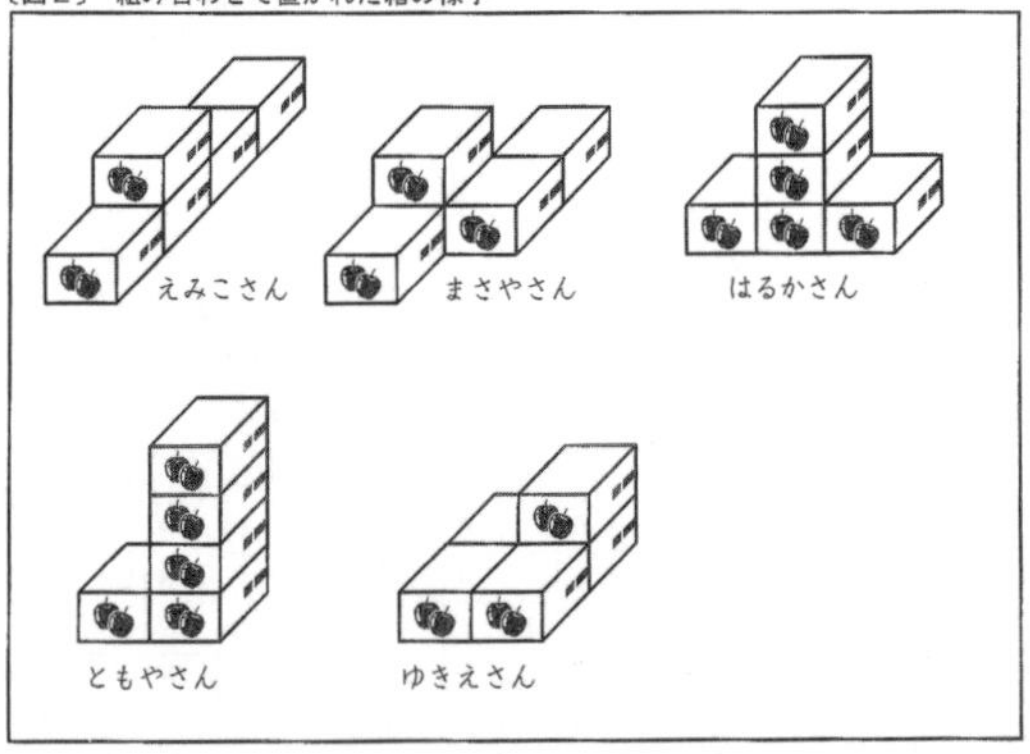

問題(1)は本文中で述べている「実験を頭のなかでイメージ」しなければならない問題です。ご家庭でリンゴの皮むきを実際にやっていたり、見ていたりしたとしてもむずかしい問題ですが、立体図形と平面図形の基本的な考え方を理解していれば難問ではありません。問題(2)は、箱にある大、中、小の面積がいくつあるか、順序立てて考えていけばむずかしくはありません。どちらも「筋道を立てて考える」ことができているかどうかが試される問題となっています。

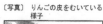

3 試される力

問題解決力と計算力

ふだんの生活のなかでの問題を解決していく力

日常生活で起きた問題を、どのように解決するかを考えるのが「問題解決力」です。

出題の形式は、学校生活や日常生活のなかであった問題に対して、会話文のなかから条件を導きだして「会話の登場人物が納得するように解決していく問題」が多く出題されています。登場人物が複数の場合もあります。

ここにあげた都立中学校の問題などがこれにあたり、なかでは計算力も問われています。

また、ふだんの生活のなかで疑問を感じたことや、なにか企画を立てたり、さまざまな意見がでてきたときにどう判断していくか、といった力が求められるのが、このタイプの問題です。

疑問だけでなく、学級会の話しあいや、卒業生を送る会の立案、グループによる社会科見学の計画など、さまざまな設定が考えられますが、自分がリーダーになったり、グループの一員として考えたり、問題が起きたときにどのように解決していくか、その姿勢が問われ、わかりやすく表現する設問もあります。

神奈川県の中等教育学校での「グループ活動による検査」は筆記ではありませんが、同じようなことを目的として問題解決力が試されていると言っていいでしょう。

このような問題に対する力を日ごろから養っておくためには、日常生活で、なにごとも人任せにせず、自分のこととして問題意識を持って行動することです。

疑問や問題があったときには、いろいろな解決方法を考え、そのなかからいちばんよい方法を、理由も述べて提案できるようにしましょう。

2015年度　東京都立中高一貫校　共通問題　適性検査Ⅱより

1　**太郎**《たろう》君、**花子**さん、**先生**の３人が教室で話をしています。

太　郎：１年が３６５日ではない年があることを知っているかな。

花　子：知っているわ。うるう年といって、その年は３６６日あるのよね。いつもの年にはないはずの２月２９日があるのよ。

太　郎：２０２０年に東京で行われるオリンピック・パラリンピックの年もうるう年だね。

〔問題１〕　東京オリンピック・パラリンピックが行われる２０２０年の２０２０のように、千の位と十の位が等しく、百の位と一の位が等しい４けたの数を考えます。例えば、他《ほか》には４３４３や９１９１などがあります。このような数のうち、４の倍数を三つ答えなさい。

太　郎：でも、どうしてうるう年は１年の日数が１日多いのかな。

花　子：先生、なぜうるう年があるのですか。

先　生：地球は太陽の周りをほぼ１年かけて１周しています。この時間は実際には約３６５.２４日なので、１年を３６５日とするとずれが生《しょう》じてしまうのです。そこで、うるう年でずれを調整しているのです。

太　郎：どういうことですか。よく分かりません。

先　生：地球が太陽の周りを１周する時間を３６５.２４日として計算してみましょう。地球が太陽の周りを１周するのにかかる時間から、１年を３６５日とした場合のずれを計算すると、

３６５.２４日　－　３６５日　＝　０.２４日

となるから、毎年０.２４日ずつずれが生じます。

太　郎：ということは、４年で

０.２４日　×　４　＝　０.９６日

となるから、約１日ずれますね。それで４年に１度うるう年を定めて１日増やす必要がありますね。

花　子：ちょっと待って。うるう年を単純《たんじゅん》に４年に１度とするだけでは、まだ少しずれが生じないかしら。

太　郎：どういうことかな。

花　子：４年に１度うるう年を定めると、０.９６日のずれを１日増やして調整することになるけど、それでは４年で

１日　－　０.９６日　＝　０.０４日

のずれが生じてしまうことになるわ。

太　郎：それくらい問題ないよ。

花　子：そんなことないわよ。だって１００年たつと、２５回うるう年があるので

０.０４日　×　２５　＝　１日

となって、今度は逆に１日多くなってしまうわ。

太　郎：一体どうしたらいいのかな。先生、教えてください。

先　生：二人とも、なかなかよいところに気が付きましたね。確かに、４年に１度うるう年を定めるだけでは逆に１００年で１日余分にずれてしまいます。

そこで今度は、１００年ごとに１度だけ、うるう年をやめればよいのです。

そうすればずれを調整できます。

太　郎：なるほど。そうすればいいですね。

花　子：うるう年の定め方はおもしろいわね。先生、うるう年の問題を何か出してくれませんか。

先　生：では、１日の時間が地球と同じで、太陽の周りを１周するのに２０１５.４日かかる星があるとします。この星の１年を２０１５日と定めると、太陽の周りを１周するのにかかる時間と、２０１５日と定めた１年との間にずれが生じますね。このずれを調整するためにどのようにうるう年を定めればよいでしょうか。

〔問題２〕　この星とありますが、この星が太陽の周りを１周するのにかかる時間と、２０１５日と定めた１年との間に生じるずれを調整するためには、どのようにうるう年を定めればよいですか。地球のうるう年の例を参考にして具体的に説明しなさい。ただし、うるう年にする年は１年を２０１６日とします。

太　郎：太陽の周りを１周するのにかかる時間と、定めた１年との間にずれがあると、うるう年が必要になるのですね。実際の星でも、太陽の周りを１周するのにかかる時間は、星によってちがいますよね。

先　生：そうですね。それでは火星について考えてみましょうか。地球の１日、すなわち太陽が真南に来て、その次に再び真南に来るまでの時間は２４時間です。これに対し、火星の１日は地球の時間で約２４時間４０分、火星が太陽の周りを１周するのに地球の時間で約６８７日かかります。では、火星が太陽の周りを１周するのにかかる時間について計算してみましょう。

〔問題３〕　火星の１日は地球の時間で２４時間４０分、火星が太陽の周りを１周するのに地球の時間で６８７日かかるとします。このとき、火星が太陽の周りを１周するのに、火星の１日で数えると何日になるか、式をかいて答えを求めなさい。

ただし、答えを小数で表すときには、小数第二位を四捨五入《ししゃごにゅう》して小数第一位までの数で表しなさい。

知っていて当然の「うるう年」を題材にした計算中心の問題です。問題文にうるう年の計算法がきちんと説明されているので、まずは問題をしっかり読み取ることが大切。むずかしい問題ではなく、問題(1)は即答したいところです。

作文力と表現力

理由を書くクセをつけ 誤字、脱字のチェックを

与えられた資料、また、文章や詩、会話文を見ながら書いたり、問題の条件にしたがって自分の考えを文章でしめすのが適性検査における「作文」です。

東京都の共同作成問題では、2015年度入試から、適性検査Ⅰがこの形式に統一されています。

さて、出題が自分の考えを述べるように求めているときは、説得力のある意見を「理由」といっしょに書くことがスコアアップの道です。そのための表現力も必要です。

公立中高一貫校の作文の字数は、400〜600字です。

文章でしめされる課題のテーマは、ニュース、社会のマナー・ルール、日本の文化などに対して自分の意見を述べる場合が多くみられます。

そのように考えた理由が抜けていると、作文としては不完全です。また、体験などをまじえて書きなさい、という場合もありますので、日ごろから、見聞きしたことの印象などを文章にしておくことを繰り返しておくとスムースです。ですから、ふだんから新聞やニュースに関心を持ち、ご家庭でも社会の問題に対して話しあう姿勢が大切です。

「書くのは苦手」という人もいるでしょうが、文章を書く力は、練習することでいくらでも伸びます。繰り返し筆をとるようにしましょう。

また、長文を読んで、その要約をするという出題もあります。

近年多くなっている出題としては、同じようなテーマをあつかったふたりの筆者の文章を読んで、そこから導きだした自分の意見を書くというものです。短時間での読解力が試されます。

東京都の共同作成問題適性検査Ⅰもこの形式でした。

2015年度　東京都立桜修館中等教育学校　適性検査Ⅰ（独自問題）より

問題

次の詩を読んで、あなたが考えたことを分かりやすく書きましょう。
字数は、五百字以上、六百字以内とします。

わたしは今

著作権保護のため
詩の5行分を
見えなくしています

一字一字に歴史があるんだ

『にんげんぴかぴか　こどもの詩2』より作成

川崎洋編集『にんげんぴかぴか　こどもの詩2』（中公新書ラクレ）よりの、7行の詩を読んで考える問題です。詩の内容は、「文字は昔の人からのプレゼントだ」というものです。ですから、これまで受け継がれてきたものに感謝する、といった内容の作文が求められています。全体の構成しっかりつくり、書き終えたあと誤字や脱字、文法のチェックをするようにしましょう。

（書き方）

○ 題名、名前は書かずに一行目から書き始めましょう。
○ 書き出しや、段落《だんらく》をかえた時は、ますを一字あけて書きましょう。
○ 文章全体の組み立てを考え、適切に段落がえをしましょう。段落がえをしてあいたますも一字と数えます。
○ 読点《とうてん》↓ 、 や 句点↓ 。 かぎ↓ 「 などはそれぞれ一ますに書きましょう。ただし、句点とかぎ↓ 。」 は、同じますに書きましょう。
○ 読点や句点が行の一番上にきてしまうときは、前の行の一番最後の字といっしょに同じますに書きましょう。
○ 文章を直すときは、消してから書き直しましょう。ただし、次の例のように、書き直してもかまいません。

（例）

先週の日曜日、家族で動物園に出かけました。遊びに行きました。

作文には、字数の制限がかならずあります。そのほか、どのように書くべきかについての諸注意があります。これらの注意書きにしたがって文章をつくっていきます。

5 試される力

教科知識の活用力

教科書にでてくる知識の理解と活用力をはかる

小学校の教科書で学んだ知識をしっかりと理解し、学力として定着しているか、また、その活用力をはかる問題です。そしてそれを日常生活に役立てていけるか、自分の言葉で説明できるかを試します。

社会科で言えば、地域の地理や歴史の特徴を聞かれたり、算数・理科でも小学校で習ったことがかたちを変えて出題され、その理由を説明するといった問題です。小学校の授業やテストでは見慣れない出題形式となっているので要注意です。

これらの問題に解答していくためには、日ごろから小学校での教科学習にしっかりと取り組んでいることが大切です。

また、学んだことを自分の言葉で書いたり、図も自分で描いてまとめておく習慣をつけましょう。知識を定着させるためには、知っていることを、つねに文章にしておくことが必要なのです。

また、新たな問題にぶつかったときに、すぐに人に教わることをやめ、いままで学習してきた知識で使えるものはないか考えてみる習慣をつけましょう。

知識を基に、さらに論理的思考力を活用して課題を解決する力をみています。問題の表には多くの情報がありますが、そのなかから必要な情報を取り出せるよう、問題文をよく読み取ることが大切です。

小学校の授業で習った、時間と速さ、距離の関係を理解、定着させていれば答えられる、公立中高一貫校のなかでは比較的やさしい問題です。与えられた条件を理解し、また数理的な事象、情報などを整理、選択、処理することができるかが問われます。

2015年度　さいたま市立浦和中学校　適性検査Ⅱより

1

中学１年生の花子さんは、今年の春休みに、お父さんとお母さん、高校生になるお姉さんの家族４人で、おばあさんの家に遊びに行く計画を立てています。花子さんとお姉さんは、主な交通手段として、**新幹線、夜行バス、自家用車、航空機**について、旅行会社のパンフレットやインターネットなどで調べ、表にまとめました。

次の表をもとに、問１に答えなさい。

表

交通手段	調べたこと				
新幹線		料金 指定席を利用した場合	料金 自由席を利用した場合	新幹線に乗車している時間	新幹線に乗車している区間の道のり
	のぞみ	１４６５０円	１３６２０円	約２時間３０分	約５４５km
	ひかり	１４３４０円		約３時間	
	こだま			約４時間	

交通手段		料金	夜行バスに乗車している時間	夜行バスに乗車している区間の道のり
夜行バス	デラックス	１００００円	約８～９時間	約５６０km
	普通	５０００円		

交通手段	料金	高速道路を走っている時間	高速道路を走る道のり
自家用車 ＊５人乗りの自動車で高速道路を利用	高速道路　１０９００円 ガソリン　１Ｌで約２０km走ることができ、１Ｌ当たり１６０円かかる。	約６～７時間	約５２０km

交通手段	料金	航空機に乗っている時間	航空機の道のり
航空機	Ａ社　１３１００円 Ｂ社　１０７９０円	約１時間	約５１４km

※　新幹線、夜行バス、航空機の料金は中学生から大人と同じになり、一人当たりの片道の料金を示しています。

問１　表の情報をもとに、家族４人でおばあさんの家へ行く場合、最も安い料金で行く交通手段は何ですか。そのように判断した理由を含めて、数値を用いて説明しなさい。ただし、表にあるもの以外の料金は考えないものとします。

花子さんは、おばあさんの家へ行くときに利用する新幹線が途中《とちゅう》に停《と》まるＡ駅からＣ駅までの速さや道のりについて調べて、グラフにしてみました。

縦軸《たてじく》を速さ（時速）、横軸を時間（分）として、新幹線がＡ駅からＢ駅を通ってＣ駅まで走行したときの速さと時間を表した**Ａ駅からＣ駅までの時間と速さの関係を表したグラフ**と、**時間と速さの関係を表すグラフの性質**をもとに、問２～問３に答えなさい。

Ａ駅からＣ駅までの時間と速さの関係を表したグラフ

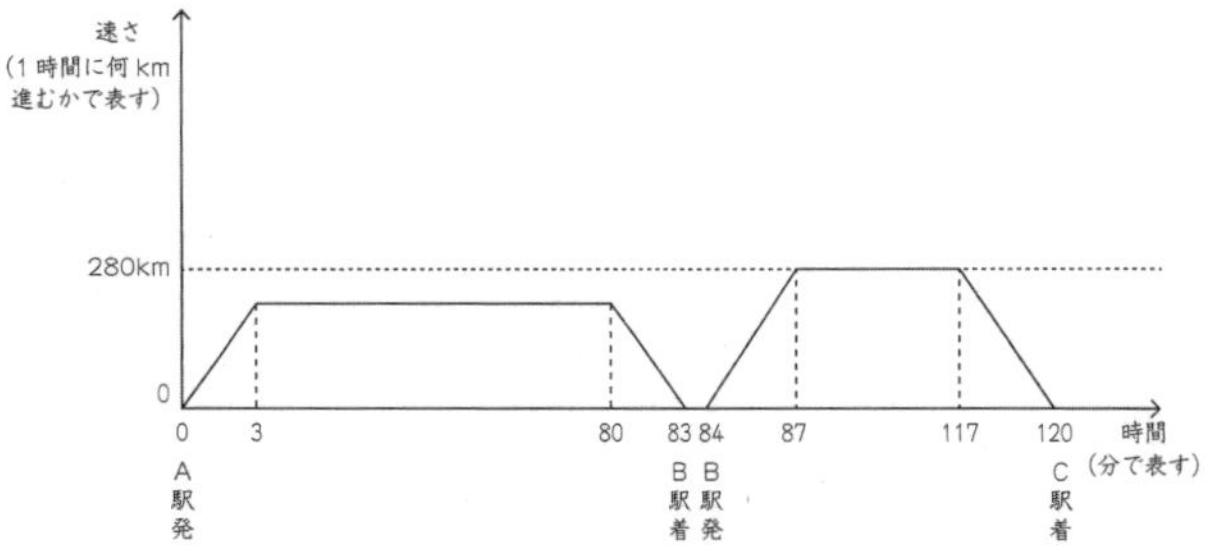

時間と速さの関係を表すグラフの性質

斜《しゃ》線部の面積は、進んだ道のりを表します。次のグラフは、速さを（１秒間で何ｍ進むか）で表し、時間を（秒）で表したときの例です。

［一定の速さで進む場合］　［だんだん速くなる場合］　［だんだん遅くなる場合］

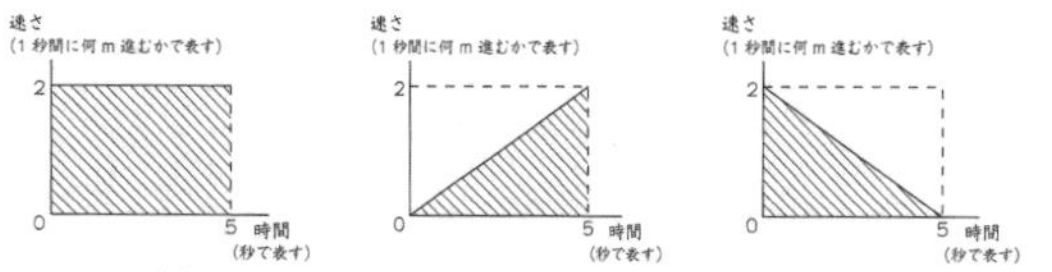

２×５＝１０ｍ進んだことになる　２×５÷２＝５ｍ進んだことになる　２×５÷２＝５ｍ進んだことになる

問２　Ａ駅を発車してからと、Ｂ駅に到着する前の３分間は、それぞれ６９５０ｍ走行したとします。Ａ駅からＢ駅までの道のりを３４５kmとしたとき、Ａ駅を発車して３分後から８０分後までの速さは、時速何kmですか。数字で答えなさい。

問３　Ｂ駅からＣ駅までの道のりは何kmですか。数字で答えなさい。

Bunka Suginami
Canadian
International School
東京·杉並の“海外校”で学ぶ。
『海外校とは?』
カナダ・ブリティッシュコロンビア州(BC州)が全世界で展開している「海外校=OFFSHORE SCHOOL」に、本校が日本で初めて認定されました。2015年より文化学園大学杉並は日本と海外、両方の卒業資格(ダブルディプロマ)を取得できる学校になります。
『どんな授業?』
中学校では「BCプログラム」のメソッドを導入した英語の授業が早期から受けられ、続く高等学校の3年間は、日本の高校教育とBC州が派遣した教員による海外校の授業(もちろん英語による)が本場仕込みのアクティブラーニングで行われます。
『卒業後は?』
生徒はカナダ・BC州の生徒としても登録され、ダブルディプロマを取得しますので、海外大学への出願の際は、通常必要な英語の資格やスコアなどは不要です。日本の有名大学も書類選考のみの「特別枠」で受験できます。これからは世界地図を広げて大学選びをしてください。
つまり極上の「杉並留学」です。
文化学園大学杉並中学校
〒166-0004 東京都杉並区阿佐谷南3-48-16 TEL.03-3392-6636 FAX.03-3391-8272 E-mail:info@bunsugi.ed.jp
「BCプログラム」の詳細、
または「BCプログラム」が体験できる説明会情報はこちらから
http://bunsugi.jp

英語が、わたしの言葉になる。

「他者理解」——

この言葉には世の中のさまざまな人と共感し、支え合うという理想が込められています。

創立より貫かれてきたこの教育理念、これからも武蔵野は世界で通用するグローバルな人材の育成を目指します。

外国人教師による、「英語で学ぶ」
LTE [Learning Through English]

外国人教師と1つのテーマ(トピック)を英語で考え、英語で発表するワークスタイルの授業を週6時間行います。英語力はもちろん、アイデアや意見の共有、ディスカッション能力など、グローバル社会で必要なコミュニケーションスキルが身につきます。

世界への扉をあける
ニュージーランド3ヶ月留学

現地校1校につき、武蔵野生最大3人という自主性が問われる環境の中で、3ヶ月間過ごします。様々な国の留学生が集うニュージーランドで、生きた英語だけではなく、その国の文化や考え方を身近に感じ取ることができ、よりグローバルな視野で物事を考える力が身につきます。

学校説明会

- 9/26(土)10：00〜
- 10/31(土)13：00〜
- 11/21(土)13：00〜

入試模擬体験・個別相談会

- 12/12(土)10：00〜　入試模擬体験　個別相談会
- 12/19(土)10：00〜　入試模擬体験　問題解説会
- 1/16(土)10：00〜　個別相談会

※説明会参加の予約は不要です。
※各説明会終了後に、ご希望の方対象に「個別相談」と「施設見学」の時間を用意しております。
※日時・内容については諸般の事情により変更することがあります。必ずHPまたは電話でご確認下さい。

武蔵野中学校
Musashino Junior High School

〒114−0024　東京都北区西ヶ原4−56−20　TEL：03-3910-0151　FAX：03-5567-0487　http://www.musashino.ac.jp/
アクセス　JR大塚駅・王子駅乗り換え　都電荒川線「西ヶ原四丁目」下車徒歩5分 ／ JR巣鴨駅下車　徒歩15分

女の子のための こころとからだのケア

～試験日に月経が重なっても大丈夫～

※「生理」は正しくは月経と言います。
正しい言い方ができるようにしましょう。

「もし急に月経になってしまったら」「もし試験日に月経が重なってしまったら」受験を控えたこの時期、そんな不安を抱えている女の子や保護者のかたも多くいらっしゃるかと思います。

お子さんが安心して受験日を迎えられるように、月経について正しい知識を身につけて、心の準備をしておきましょう。

ここでは、思春期が始まるお子さんをサポートしているP&Gウィスパーハッピー「始・春・期」プログラム事務局に、月経との正しいつきあいかたについてうかがいました。

ご家庭での話しあいが大切

思春期は身体の基礎をつくる大切な時期です。とくに女の子は月経が始まり、身体に大きな変化が起こります。ホルモンが急激に増加するため、ホルモンのアンバランスが起こって、心も身体も不安定になりがちです。それでなくとも、受験期はいろいろなストレスを抱える時期。ご家庭でじゅうぶんなサポートをしてあげたいものです。

初経の時期は平均で12歳といわれています。しかし時代とともに早くなっており、最近では小学校4年生（10歳ごろ）に月経が始まるお子さんもいます。月経が始まる目安としては、身長が150cm、体重が40kg、体脂肪率が15%を越えたころといわれているので、急に身長や体重が増えてきたら、始まるのが近いかもしれません。学校でも宿泊行事の前などに月経についての授業を受けることがありますので、その機会におうちのかたからも説明をしてあげるとよいでしょう。

初めての月経は小さな女の子が健康な「女性」となり、新しい命を産める身体になっていくための大切なできごとです。また、女性が自分の身体の調子を知るための便利なバロメーターでもあります。「大変」「面倒」といった否定的な言葉は使わずに、だれにでもやってくる自然なことであることをお子さんに伝えてください。

いざというときに備えましょう

まだ初経を迎えていないお子さんでしたら、いつ初経を迎えても大丈夫なように、ふだんから月経に必要な生理用品を用意しておくとよいでしょう。たとえば、ポーチにナプキンを2～3個と生理用ショーツを入れて、いつも使うかばんに入れておくなどの準備をしておけば、急に初経がきてもあわてることがありません。

また、おとなが当たり前のように使っているナプキンでも、お子さんにはむずかしく感じることもあるようです。いざというときにも困らないように、実際にナプキンの使い方を試してみるのもよいでしょう。あわせて、使用後のナプキンの処理の仕方についても、トイレに流さない、個別ラップでくるむといったエチケットも教えてあげてください。

月経が始まってもしばらくは周期が安定しないかもしれません。初経が始まった直後から順調に月経がくる人は全体の半分程度で、最初のうちは日数も期間も安定しないことが多いのです。

月経が始まった日から、つぎの月経が来る前の日までの日数を「月経周期」といいます。月経周期はふつう25～38日といわれています。お子さんの月経周期がわかるように、月経が来たらカレンダーに書きこんでおくようにして記録をつけるとよいでしょう。

試験日に月経が重なってしまったときは、長めのナプキンを使って、休み時間など替えられるときに替えるようにします。試験会場のトイレは混みあうことも考えられますので、もれることがないように備えましょう。

月経の際にお腹や腰に痛みを感じる、いわゆる月経痛も子宮がまだ成長しきっていない時期のお子さんには、痛みを強く感じることもあります。そうなっては受験勉強もなかなか手につかなくなってしまいます。お子さんの月経の症状をよく聞いて、対処の仕方をいっしょに考えてみてください。身体を暖めたり、栄養バランスのとれた食事をとるなど気をつけてあげてください。

最後に、男の子にはこのような月経のサイクルがないので、女の子の身体の変化は理解しにくいですが、女の子に思いやりをもてるよう、男の子のいらっしゃるご家庭でも女の子のそうした身体の変化を教えてあげてほしいものです。

女の子のギモン

もしこんなことを聞かれたら

Q. 貧血にならないの？

A. 1回の月経ででる血液は50ml程度なので、貧血になる心配はありません。しかし思春期は身体がぐんぐん成長するので、鉄分がたくさん必要になる時期。鉄分が不足すると貧血になることもあります。ふだんから栄養バランスのとれた食事をして、レバーやひじきなど鉄分を多く含む食品をとるようにしましょう。

Q. お風呂に入ってもいいの？

A. 自分の家のお風呂でしたら、湯船に入ってもかまいません。身体をよく洗ってから入りましょう。もし合宿や宿泊学習など、自宅以外の場所でお風呂に入ることがありそうなら、「シャワーやお湯をかける程度でいいよ」と教えてあげましょう。

Q. ショーツや洋服を汚しちゃったらどうすればいいの？

A. 急に始まるときのために、小さなポーチにショーツと薄いナプキンを持っているよう教えます。もし忘れて持っていなければ学校だったら保健室へ。先生が相談に乗ってくれるはずです。また、汚したら自分で洗うように教えましょう。血液は熱いお湯だと固まってしまう性質があるので、かならず水かぬるま湯で洗います。

親子で

受験日の服装やナプキンえらびなど

ゲームをしながら楽しくわかっちゃうサイト

わたしとぴー子の受験成功ものがたり

http://jp.happywhisper.com/shishunki/petit/juken/pco.html

女の子の受験対策Q＆A

これから入試を迎える受験生のみなさんや保護者のかたの悩みや不安をお答えいただきました（監修　産婦人科医　堀口雅子先生）。

ふだんから気をつけたいこと

Q 6年生になって生理が始まりましたが、周期が不規則で、いつなるかわかりません。ナプキンは携帯していますが、ほかに気をつけることはありますか。

A 月経前にはおりものが増えたり、胸が張ったりします。ほかにも便秘や下痢、ニキビができたり、肌が荒れたり、また精神的にはイライラや憂うつなど、気持ちが不安定になることもあります。こうしたいろいろなサインが身体に表れますので、ふだんから気をつけてみましょう。

月経の周期を記録しておくことも大切です。月経周期がわかってくれば、つぎの月経日の目安になります。とはいえ、初経を迎えてすぐの場合は、周期的に月経がくる人は全体の半分くらいです。とくに受験期のストレスは月経周期にも影響を与え、月経が止まったり、逆に受験当日に突然きてしまうこともあります。いつもナプキンを携帯しておくと安心です。

Q クラスでも背が高い方なのですが、生理はまだです。どうなると生理は始まるのでしょうか。

A 身長や体重が急に増えて、おりものが増える、胸が張るなどの兆候がみられたら、初経が近いしるしです。「そろそろかな」と思ったら、すぐに準備を始めましょう。ナプキンやショーツをポーチに入れて、ふだんから持ち歩くようにしてください。生理用品は実際に使って練習してみましょう。おとなと子どもでは快適と感じるナプキンの種類がちがうこともあります。自分に合ったナプキンを見つけておけば安心です。月経の始まる時期は、人によってそれぞれですが、準備さえしておけば、まったく心配ありません。

Q 生理に対して漠然と不安を感じているようです。受験が近いので、なるべく不安を取り除いておきたいと思うのですが、どうしたらよいですか。

A 月経はおとなの女性だったら、だれにでもやってくる自然なことです。妊娠・出産と関係なく女性として生きるためにも、母になる日のためにも、月経は大切なものとして考えてください。女性の先輩であるお母さまなどが相談相手になって、ふだんから月経を前向きにとらえられるようにしておきましょう。

また、月経時のモレや失敗で不安を感じることのないように、量が多いときにはナプキンを昼間でも夜用にするなど、場面に合わせてじょうずに使い分けましょう。

月経中の憂うつをやわらげるヒント

ヒント1　入浴は身体を清潔に保ったり、血行をよくしたりするので、月経痛が軽くなる場合があります。

ヒント2　グリーンは癒しやバランスを整える効果が、黄色は明るい気分になる効果があるといわれています。憂うつなときはグリーンや黄色の服を着たり、小物を持ったりして気分を変えてみましょう。

受験勉強中のアドバイス

Q 生理前の方が生理中よりお腹や腰が重くなり、なんとなく勉強に集中できません。なにか改善する方法はありませんか。

A 症状を緩和するために、生活面でできることがいくつかあります。たとえば食生活ではカフェイン、インスタント食品や塩分の強い食品などを多量にとらないよう気をつけてください。甘いお菓子を食べ過ぎたり、眠気をさますためといって、カフェイン飲料をたくさん飲んでしまうと、かえって*PMSの症状が悪化します。思春期にはとくにバランスのとれた食事がとても大切。過度のダイエットもやめましょう。（*PMS＝月経前症候群。月経前のおよそ2週間、ホルモンのアンバランスにともなって起こるさまざまな症状を、PMSといいます。腹痛や頭痛、乳房の痛み、疲れやすい、眠くなるなどの身体症状、イライラ、無気力、憂うつなどの精神症状などがよく知られています）

Q 生理前や生理中の気持ちがちょっと沈みがちなとき、元気になれる方法はありますか。

A 食生活に気をつけたり、カモミールやペパーミントなどのハーブティーを飲むのも、身体を温めてくれるのでおすすめです。

また、適度な運動も効果的です。運動すると、βエンドルフィンという鎮静効果のある物質が血液中に増え、気分をリラックスさせてくれます。ほかにも大好きな音楽や香りで元気になる方法もありますし、ぐっすり眠れるように寝具や照明を工夫したり、ミルクを人肌に温めて飲むのもよいでしょう。受験まであと少し。自分なりの気分転換法を見つけ、元気に過ごしましょう。

Q 生理中は少しお腹が痛くなります。痛み止めは癖になるといいますが、がまんした

子どもと相談してナプキンを選ぼう

小学校６年生と中学３年生の受験生と保護者を対象に、「月経と生理用品（ナプキン）に関するアンケート」を実施。受験生と保護者の気持ちを聞きました（P&G ウィスパー調べ）。

多くの家庭ではナプキンのブランドやメーカーを選ぶのは保護者で、ナプキンを選ぶときの決め手は「モレない」「ズレない」。しかし、毎回の月経でモレを経験している受験生も４割（小６では５割）いました。

ナプキン決定者のちがいによる受験生の満足度

保護者が決める	満足52%	不満48%
子どもが決める	満足85%	不満15%
相談して決める	満足82%	不満18%

ナプキンのブランドを決めるとき、子どもの意見を取り入れている場合は、８割以上の子どもが使っているナプキンに満足していると答えました。

子どもの意見を取り入れているかどうかで、満足度は大きく変わっています。

ナプキン選択の決め手と、使用時の不満

（保護者）ナプキン選択時の決め手

モレない：80%　ズレない：55%

（受験生）ナプキンへの不満

モレる：75%　ズレる：63%

方がよいでしょうか。

A お腹が痛いときは、毛布や使い捨てカイロなどで下腹部を温めたり、月経痛体操で骨盤内の血流をよくすることが効果的です。月経痛体操には、あお向けに寝て、そろえた両膝をあごに近づくまであげてから、ゆっくりもとに戻す動作を10回ほど繰り返すものなどいろいろあります。うつぶせで腕と膝をたて、猫のように背中を丸めたり伸ばしたりしてもよいです。

それでも月経痛がひどい場合は早めに痛み止めを飲むという方法もあります。毎月の服用で癖になったり、将来の妊娠に差しつかえることはありません。痛み止めは市販のものでかまいませんが、薬を飲む量やタイミング、間隔はきちんと守ってください。胃の不快感や眠気など副作用をともなうこともあるので、頭痛・歯痛のときなどに飲み慣れている薬が安心です。また、痛み止めが効かないほどひどい場合は、早めに産婦人科のお医者さんに相談してみてください。

血流をよくする体操

受験当日のアドバイス

Q 小5で生理が始まりました。だいたい1月に1度の周期ですが、このままだと試験と重なりそうです。どんなことに気をつければよいでしょう。

A 試験の途中で始まったら…と心配なときは、試験当日の朝からナプキンを下着にあてていくとよいでしょう。さらに、予備のナプキンと、お守りとして、いざというときの痛み止め（頭痛・歯痛などで使い慣れたもの）を持ち、モレてしまってもめだたないような黒っぽい色の暖かい服装でかければ完璧です。そろそろ月経になりそうだと思った

思春期が始まるころの子どもをサポートする

ウィスパーハッピー「始・春・期」プログラム

子どもたちが春を迎えるように明るく思春期を迎えられるようサポートするホームページです。

http://jp.happywhisper.com/shishunki/index.html

保護者向けページ

「思春期を迎える子どもの保護者に知ってほしいこと思春期の子どものココロとカラダ」

不安や疑問でいっぱいの子どもたちには、保護者のかたからのアドバイスや協力がとても大切。保護者ご自身が正しい知識を持ち、ご家庭で話しあうために、必読です。受験生に気をつけたいこともわかっていれば安心です。

月経が始まるころの女の子向けページ

ウィスパープチ

月経のしくみやじょうずな付き合い方について、知りたい情報が満載。お子さんがご自身で見るだけでなく、親子でいっしょに見て話しあえるといいですね。

ら、試験日には受験票や筆記用具などの持ちものといっしょに、ナプキンやショーツといった生理用品を用意してください。

前もって準備し、心がまえをしておくことで、月経で困ることのほとんどが解決できるものです。あとは平常心。いつもの自分でしっかり試験にのぞめるようにしてください。

Q 試験会場で急に生理が始まってしまい、万が一洋服を汚してしまった場合、どのようにしたらよいでしょうか。

A 洋服を汚してしまったら、セーターやトレーナーを腰に巻いたり、寒い時期ですから、コートをはおれば隠れてしまいます。

まず、月経が来そうなときはナプキンを用意しておくことを忘れずに。もしナプキンがなければ、清潔なハンカチやハンドタオルをたたんでナプキン代わりにしてください。トイレットペーパーを多めに重ねても代用できます。

お昼休みなど時間が取れるときは、恥ずかしがらずに試験官の先生に相談してみましょう。保健室には備えつけの生理用品があるはずです。

Q 生理痛がとても重く、試験と重なったら…と思うと憂うつです。薬で生理をずらせると聞きましたが、どんなものなのでしょうか。

A ホルモン剤を飲んで月経を早めたり、遅らせたりする方法があります。ただ、ホルモン剤は安易に使うものではありません。ほとんどの人は、自分の体調に合わせて準備をしておけば、受験日と重なっても心配いりません。たとえば、月経の量が多くて心配なときは吸収力の高いナプキンを使うとか、お腹を冷やさないように暖かい服装にするなど、工夫してみましょう。

痛み止めが効かないくらい月経痛がひどいとか、どうしてもという場合は、月経を早める方がよいと思いますので、受験日の1カ月半くらい前までに産婦人科の医師に相談してください。試験中にぐあいがよくないときは試験官の先生に早めに言いましょう。ほとんどの学校では、保健室などで試験を受けることができます。

受験のときのイチオシナプキン

受験期を快適に過ごすために、ナプキンの選び方にもひと工夫。
どんなときにどんなナプキンがよいか、選び方のコツをお教えします。

受験勉強中・受験本番は？

集中したい受験期にオススメ
コスモ吸収

とくに多い日でも、驚きの８時間吸収*で安心。吸収力・フィット感・肌へのやさしさを同時にかなえるプレミアムナプキンです。

*当社の平均経血量データによる

長時間座りっぱなしの受験勉強にオススメ
ピュアはだ

ふんわりホイップシートは優れたクッション性を持ち、やさしい肌触り。ふわふわ、さらさらの心地よさで長時間座りっぱなしでも快適。ニオイまで吸収してくれるからテストのときも安心。

寝不足になりがちな夜にオススメ
超すっきりスリム

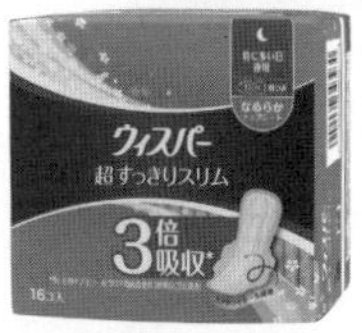

夜は夜用の長いタイプが安心。薄くても吸収力はバツグン。幅広吸収バックガードで、眠っている間の後ろモレもしっかり防ぎます。

もしも…のときのために

さらふわスリム

「もし、試験中に生理になったら…」と不安なときは「さらふわスリム」を試験当日にはじめからつけていこう。
カラーセラピーの考えを取り入れた「タンポポ柄」で不安なココロを明るく！

【ウィスパー製品に関するお問い合わせ】

P&Gお客様相談室　0120-021329
受付時間：祝日を除く月～金曜日・午前９時15分～午後５時まで

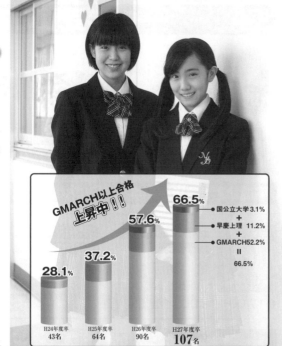

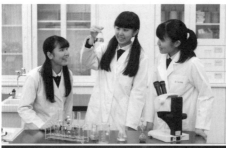

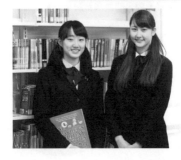

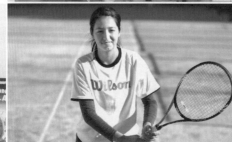

中学受験 合格アプローチ 2016年度版

中学受験合格ガイド2016

あとがき

秋の訪れとともに、ご本人はもちろんご家族みんなで挑む「中学受験」も、いよいよ「追い込み」の時期に入ってきました。マラソンでいえば35㎞を過ぎたところ、いちばん苦しく感じるあたりかもしれません。しかし、あと少し走りつづければ、ゴールはもうそこに見えてきます。

この本は、受験まで「あと100日」をテーマに、さまざまな角度から「受験生、保護者のお役に立てる情報を少しでも多く」との思いで編集したものです。

「中学受験」は、ご家族みんなが受験生に寄り添って駆け抜けるところに醍醐味や喜びがあります。

さあ、受験まで「あと100日」。まだまだお父さま、お母さまのサポートは欠かすことができません。いつも笑顔を絶やさず、最後までご本人を励ましてあげてください。

努力をつづけたこの経験は、かならずご本人の財産として残ります。支えてくれたご家族の愛情も心に刻みこまれることでしょう。

編集部一同、心からご健闘をお祈りしています。

『合格アプローチ編集部』

営業部よりご案内

『合格アプローチ』は首都圏有名書店にてお買い求めになれます。

万が一、書店店頭に見あたらない場合には、書店にてご注文のうえ、お取り寄せいただくか、弊社営業部までご注文ください。ホームページでも注文できます。送料は弊社負担にてお送りいたします。代金は、同封いたします振込用紙で郵便局よりご納入ください。（郵便振替 00140-8-36677）

ご投稿・ご注文・お問合せは

株式会社グローバル教育出版

【所在地】〒101-0047
東京都千代田区内神田2-4-2 グローバルビル

【電話番号】03-3253-5944《合格しよう》(代)

【FAX番号】03-3253-5945

URL:http://www.g-ap.com
e-mail:gokaku@g-ap.com

中学受験　合格アプローチ　2016年度版

中学受験合格ガイド2016

2015年９月10日初版第一刷発行

定価：本体 1,000 円 + 税

●発行所／株式会社グローバル教育出版
〒101-0047 東京都千代田区内神田2-4-2 グローバルビル
電話 03-3253-5944（代）　FAX 03-3253-5945
http://www.g-ap.com　郵便振替 00140-8-36677